dtv

Elternschaft kann man gar nicht ernst genug nehmen, jede Art von Leichtfertigkeit ist da völlig unangebracht. Aber heutzutage, im Zeitalter der totalen Beratung, muß sich ja niemand alleingelassen fühlen. Nach der Lektüre des siebenundzwanzigsten Ratgebers kann sich allerdings auch eine gewisse Verzweiflung einstellen. Sie speist sich aus dem Gefühl, sowieso alles falsch zu machen und auf das gräßlichste zu versagen. Derart geknickten Müttern und Vätern sei die Lektüre dieses Überlebensbuches herzlich empfohlen. Man muß ja nicht gleich so rabiat sein wie unsere Freundin Sue Townsend, die schreibt: »Wenn ich Diktator wäre, würde ich den Hebammen in jedem Haus und jedem Krankenhaus befehlen, jeder neuen Mutter und jedem neuen Vater dieses Buch in die Hand zu drücken, und zwar bevor die Nabelschnur durchschnitten ist. Und dann würde ich Sturmtruppen losschicken, die überprüfen müßten, ob die Eltern es auch wirklich lesen.« – Ein heiterer, aber auch sehr praktischer Ratgeber.

Laurie Graham stammt aus Leicester und lebt in Cambridge. Sie hat selbst vier Kinder.

Laurie Graham

Überlebensbuch für Eltern

Deutsch von Amanda Loewenthal

Deutscher Taschenbuch Verlag

Von Laurie Graham
ist im Deutschen Taschenbuch Verlag erschienen:
Teenager. Überlebensbuch für die Eltern (20816)

Für Isabel, Alastair, Fiona und Sinead
und für David

Ungekürzte Ausgabe
Juli 1993
7. Auflage März 2005
Deutscher Taschenbuch Verlag GmbH & Co. KG,
München
www.dtv.de

Titel der englischen Originalausgabe:
›A parents' survival guide‹ (Chatto & Windus, London)

Umschlagkonzept: Balk & Brumshagen
Umschlagbild: © Bill Greenhead/Die Illustratoren
Gesamtherstellung: Druckerei C. H. Beck, Nördlingen
Gedruckt auf säurefreiem, chlorfrei gebleichtem Papier
Printed in Germany · ISBN 3-423-20699-3

Inhalt

Einleitung 7

Was Eltern wissen sollten 9
Was Eltern haben sollten 10

Kinder, Kinder 11
Die Nachtschicht 27
Die Profis 42
Man kann nicht früh genug anfangen 57
Die Proviantkolonne 70
Strapazierfähige Grautöne 84
Die besten Dinge im Leben kosten nicht viel 96
Die Amateure 109
Mrs. Robinson hat gesagt 122
Mir ist langweilig 140
Vierbeinige und andere Freunde 154
Die schönste Zeit im Jahr 167
Rede und Antwort 184

Einleitung

Als ich vor einigen Jahren auf die Geburt unseres ersten Kindes wartete, las ich ein Buch über Elternschaft. Anschließend las ich zwanzig weitere, und als ich auch die durch hatte, wußte ich so ziemlich alles über Kinder. Dann wurden wir Vater und Mutter.

In den nächsten fünf Jahren schauten vier Kinder bei uns vorbei und mochten uns so gern, daß sie blieben. Eine Weile sahen wir nicht viel vom Leben. Als wir's dann schafften, über den Rand des Wäschekorbs wegzulinsen, war die Welt vom Nebel der Erschöpfung verborgen, und wir hatten keine Zeit, Überlegungen darüber anzustellen, was uns die Bücher gesagt hatten und ob es richtig gewesen war.

Später lichtete sich der Nebel. Und da begann ich über all die Bücher nachzudenken.

Zunächst fand ich, daß mir keines verraten hatte, wie die Elternschaft *wirklich* sein würde. Und dann fand ich, es sei an der Zeit, daß jemand ein Buch schrieb, das ebendies tat.

Weil ich keine Fehler machen wollte, ging ich in die Bibliothek und vergewisserte mich. Ich hatte in jüngster Vergangenheit ein bißchen den Überblick verloren. Meine eigene Telefonnummer vergessen. Mich selbst ausgesperrt. Es war möglich, daß ich mich nicht richtig erinnerte. Vielleicht hatten die Bücher es *doch* ausgesprochen. Vielleicht brauchte der Mensch nur genug wachen Verstand, um es zu begreifen. Ich holte das Buch aus dem Regal, das mir am meisten zu versprechen schien, und schlug es aufs Geratewohl auf. Ich landete beim Thema Masturbation. Pech, könnte man sagen. Ich blätterte eine andere Seite auf. Milchschorf. Meine Zweifel schwanden. Ich stellte das Buch ins Regal zurück und ging nach Hause, zu meiner Schreibmaschine.

Dieses Buch handelt davon, wie sich Elternschaft anfühlt. Es bringt keine Tabellen und keine schematischen Darstellungen, denn die helfen nichts. Ohne Kurven und Diagramme habe ich versucht zu erzählen, inwiefern es viel schlimmer *und* viel besser ist, Vater oder Mutter kleiner Kinder zu sein, als das von selbsternannten Experten Geschriebene Ihnen je vermitteln kann. Es ist zum Teil eine so finstere Geschichte, daß sie ihre letzte Ruhestätte vielleicht neben den Horror- und Gruselromanen findet, aber sie gründet sich auf Tatsachen. Die Kinder in diesem Buch mögen extremer sein, als Sie gehofft haben, und ihre Eltern kläglicher, doch darum sind sie nicht weniger real.

Praktisch alles, was ich hier schildere, habe ich selbst aus nächster Nähe erlebt. Der Rest stammt aus zuverlässigen Quellen. Nur die Namen der Hamster wurden aus Gründen des Persönlichkeitsschutzes geändert.

Abschließend muß ich gestehen, daß dieses Buch ein paar Lücken hat. Ich konnte mich nicht mit Au-pair-Mädchen und ganztägig zu Hause weilenden Vätern befassen, weil solche Phänomene außerhalb des Erfahrungsbereichs der Menschen liegen, auf deren Wahrhaftigkeit ich baue. Und als ich dies zu Papier brachte, lebte ich nicht mit Teenagern unter einem Dach. Ich habe die von anderen Leuten beobachtet – so nah, wie es der Duft ihres Haargels erlaubte – und von meinen Erkenntnissen berichtet, aber die Teenager hier sind nicht meine eigenen. Das ist eine andere Geschichte, die bald geschrieben werden muß.

Wer die meisten Tore für das Land geschossen hat, in dem Sie leben.

Den Namen der giftigsten Schlange der Welt.

Die Telefonnummer eines Naturwissenschaftlers, der sich persönlich dafür verbürgt, daß diese Schlange in nördlichen Breiten und in Kindergummistiefeln nicht vorkommt.

Wie man mit normalen Haushaltsgegenständen ein maßstabgetreues Modell des Sonnensystems baut.

Den Namen eines Geschäfts, das mitten in der Nacht maßstabgetreue Modelle des Sonnensystems verkauft.

Wie man eine Schaukel betätigt und gleichzeitig ein Buch liest.

Wie Gott aussieht.

Ob gekrönte Häupter vor dem Mittagessen Süßigkeiten naschen dürfen.

Daß die Antwort auf die Frage »Machst du da drinnen ein Chaos, Patrick?« immer »Ja« lautet.

Daß die Antwort auf die Frage »Würdest du bitte da runterkommen, Natascha?« immer »Nein« lautet.

Was Eltern haben sollten

Einen großen Stock.

Naßmop und Eimer.

Ein Paar feste Stiefel.

Aktien eines führenden Klopapierherstellers.

Innere Gelassenheit.

Doppelseitig haftendes Klebeband.

Einen sicheren Ort zu dessen Verwahrung.

Ein getreues Familienfaktotum namens Oma.

Die Konstitution eines Ackergauls.

Kinder, Kinder

Bevor wir weiterreden – und das gilt natürlich nur, wenn es für Sie noch nicht zu spät ist: Sind Sie sicher, daß Sie wissen, was Sie tun? Wollen Sie wirklich Kinder? Oder geben Sie das nur vor? Wären Sie mit einer Ferienwohnung in der Toskana und einem Schrank voll handgefertigter Schuhe nicht vielleicht glücklicher?

Ich will Ihnen sagen, was mich beunruhigt. Es gibt eine Menge dummer Gründe, Kinder zu haben. Sie spielen möglicherweise mit dem Gedanken an Nachwuchs, weil Ihre Mutter mit nassen Augen und stillgelegten Stricknadeln in der Ecke sitzt. Sie pflanzen sich vielleicht aus vermeintlich weiser Voraussicht fort, um die Jahre, die vor Ihnen liegen, mit Sinn zu füllen – Akne und Streitereien und Anorexie in Einmachgläsern aufbewahrt, als Versicherung gegen ein einsames Alter. Oder – und dies ist der dümmste von allen dummen Gründen – Sie möchten der Welt beweisen, daß es ein Kinderspiel ist, Kinder zu haben. Bitte nicht. Ganze Völkerscharen haben das schon vor Ihnen getan, ausgerüstet mit Babytragetaschen und unverwüstlichem Optimismus, bereit zu demonstrieren, daß ein paar Kinder niemandes Lebensstil zu verändern brauchen und daß *ein* Säugling einen nicht unbedingt ums brausende Nachtleben, das fesche Äußere und ein musterhaft aufgeräumtes Zuhause bringen muß. Sie endeten ausnahmslos mit Brei auf der Hose.

Babys verändern alles. Egal, wie schlau Sie sind – Babys sind noch schlauer. Und sie sind unerbittlich. Eine Mischung aus Mund, Po und Frottee, die im Lauf der Jahre stiftengeht und Ihnen nichts zur Belohnung gibt als kritik- und vorbehaltlose Liebe. Sind Sie immer noch sicher?

Nun, dann müssen Sie sich mit den näheren Einzelheiten befassen. Wie viele Kinder. Und wann. Und wer sich um sie kümmert. Sind Sie mit einem Kind zufrieden oder wollen Sie verarmen und mehrere haben? Wenn Sie zu dem Schluß kommen, daß eines genug ist, werden Sie ein sogenanntes Einzelkind in die Welt setzen. Und das hat seine eigene Folklore.

Wußten Sie beispielsweise schon, daß Einzelkinder altklug, passiv, in sich selbst gekehrt, auf sich selbst bezogen und sozial unbeholfen sind? Haben Sie noch nicht gehört, daß aus Einzelkindern unerträgliche Egoisten und unberechenbare Käuze werden? Denken Sie an Ihre Schulzeit. Denken Sie an die Bälger, die Diplomatenköfferchen aus Kalbsleder zur Schau trugen, während alle anderen nur Matchsäcke hatten, und an die Gören, die nicht auf der Straße spielen durften, weil sie da ihre Schuhe hätten abwetzen oder einem Mord zum Opfer fallen können. Waren das nicht alles Einzelkinder? *Nicht unbedingt.*

Als Mutter von etlichen Kindern muß ich ein gutes Wort für das Einzelkind einlegen. Ich war, bin selbst eines. Ebenso einige von meinen besten Freundinnen, und nettere, liebenswertere Menschen kann frau sich gar nicht vorstellen. Wenn es sich überhaupt bemerkbar macht, daß sie keine Geschwister haben, dann an der Bedeutung, die sie Beziehungen über den engsten Familienkreis hinaus zumessen. Sie wünschen sich selten, alles wäre anders gewesen. Sie haben bei anderen Leuten gesehen, wie schäbig Brüder und Schwestern einander behandeln können.

Lassen Sie sich von niemandem davon abbringen, nur ein Kind zu haben. Wenn Sie Ihren Sohn nicht im zartesten Alter einmotten, entwickelt er sich vermutlich zu einem durchaus salonfähigen Herrn, und wenn man Sie mitsamt Ihren Fotoalben ins Seniorenheim karrt, wird er sich wenigstens nicht weigern, Sie zu besuchen, weil er mit seiner Schwester kein Wort mehr wechselt und weil die Frau seines Bruders mit niemandem spricht.

Er wird Sie weniger Geld kosten, ruhiger sein und schneller reif werden. Er wird sich schon in jungen Jahren an Erwachsenengespräche und ans Alleinsein gewöhnen, und wenn Sie der Versuchung, jeder seiner Launen nachzugeben, nicht widerstehen können, dann ist das bei *einem* kleinen Menschen mit weniger Problemen verbunden als bei vielen.

Natürlich scheitern manchmal auch die besten Pläne. Sie können nur ein Kind wollen und doch auf ein paar mehr kommen.

Zwei auf einen Streich nennt man Zwillinge. Mehr als zwei nennt man Alptraum. Wenn Ihnen dergleichen widerfährt, werden Sie nicht allzuviel Zeit zum Lesen haben, also fasse ich mich kurz.

Zunächst werden die Leute ganz reizend sein. Sie werden durch die Gegend sausen und sich von flüchtigen Bekannten ein paar Hochstühle leihen und Ihnen immer wieder sagen, Sie könnten getrost eine Stunde ausruhen, was unterdessen anfiele, machten sie, die Leute. Ungefähr sechs Wochen lang werden Sie fast in mitmenschlicher Güte ertrinken, und dann – dann sind alle plötzlich verschwunden. Der Neuigkeitswert Ihrer Fließbandproduktion hat sich abgenutzt, und Sie sind allein mit drei Stimmen des Hungers und der Verzweiflung.

Dann kümmert es keine gute Seele mehr, daß Sie eine Woche lang nicht aus dem Morgenrock gekommen sind. Ihr Haus ist übersät mit Bechern voll kaltem Kaffee und Listen von Dingen, die Sie eines schönen Tages erledigen wollen, und von Zeit zu Zeit schlurft ein aschgraues, unrasiertes Wrack vorbei, stößt den einen oder andern kalten Kaffee um und erhebt Anspruch auf das wichtigste der ehelichen Rechte: einen Krach, bei dem die Wände wackeln.

Wenn Sie schließlich Zeit finden, den Reißverschluß Ihrer Hose zuzuziehen und auf die Straße zu treten, werden wildfremde Leute Sie aufhalten, wo Sie gehen und stehen, und Ihnen sagen, was für ein bezauberndes Bild Ihre kleine Familie abgibt und wie rasend gern sie selber Drillinge gehabt hätten. Was sollen Sie da machen? Folgendes: Drücken Sie ihnen den Dreisitzer-Buggy fest in die Hand und erbieten Sie sich, den Rest des Gepäcks nachzusenden. Nun werden die Leute nervös lachen und behaupten, das könne doch wohl nicht Ihr Ernst sein. Lassen Sie sich von diesem Wankelmut nicht beeindrukken. Geben Sie den Leuten Ihre Adresse und sagen Sie ihnen, Sie hätten am Badeabend sechzig kleine Nägel zu schneiden und seien nicht zu stolz, um von jemandem, der immer Drillinge gewollt hätte, Hilfe anzunehmen.

Wenn Sie mehr als drei Kinder haben, werden die Leute weniger *mit* Ihnen als *über* Sie sprechen. Sie werden im Supermarkt die Köpfe zusammenstecken und sich zuraunen, wieviel die Regenbogenpresse für Ihre Geschichte gezahlt hat und wie viele Kartons mit Babynahrung und Babyartikeln – alles Gratisproben – Sie in Ihrer Garage gestapelt haben. »Klar«, werden sie sauertöpfisch sagen, »klar haben die aus ihren Vierlingen eine Goldgrube gemacht.«

Auf der Aktivseite der mehrfachen Elternschaft haben Sie den Bonus sofortiger Familienkumpanei. Und später werden Sie neue Kräfte an sich entdecken, die Ihnen zugewachsen sind, weil Sie den absoluten Härtetest bestanden haben. Und wenn Sie geneigt sind, bezahlte Arbeit zu suchen, werden Sie feststellen, daß die Welt nach Menschenführungsexperten Ihres Kalibers schreit. Auch im Jonglieren werden Sie eine ganz schön heiße Nummer sein.

Dabei will ich es belassen. In den zwei Minuten, die es Sie gekostet hat, dies zu lesen, hat mindestens eine Ihrer kleinen Töchter mit dem Brüderchen im Munde die halbe Höhe der Treppe erklommen, und Sie werden etwas unternehmen müssen. Denken Sie daran, es gibt viele unter uns, die unbedingt wollen, daß Sie überleben. In fünf Jahren sehen wir uns wieder.

Wir langweiligen Typen, die immer nur ein Kind zur Welt bringen können, müssen uns selbst für das Ausmaß unserer Verrücktheit entscheiden. Es läuft auf folgendes hinaus: Wie müde und pleite wollen Sie freiwillig sein, und das wie lange? Wenn Sie Ihre Kinder kurz nacheinander bekommen, ist die Müdigkeit extrem, aber sie geht schneller vorbei, und dann stehen Ihnen etwa zwanzig Jahre mit wilden Partys, Filmen für Erwachsene und Tatsächlich-noch-Wachsein bei den Spätnachrichten zur freien Verfügung, ehe die Kinder Ihnen Enkel aufhalsen und alles wieder von vorne anfängt. Vergrößern Sie die Abstände, so hat Ihr Körper Zeit, sich von jedem Affront zu erholen, und wenn er eben zur gemächlichen Normalität zurückgefunden hat, warten Sie ihm mit der häßlichen Überraschung einer weiteren Teilnahme an der Nachtschicht auf. Was also? Das hängt davon ab, ob Sie auf Kurzstrecken oder beim Hürdenlauf besser sind.

Drei Jahre sind ein besonders beliebter Abstand. Ich werde nie begreifen, warum. Das dreijährige Kind ist ein ziemliches Ekelpaket. Idealerweise sollte man es in die Tiefkühltruhe stecken, bis es das Schulalter erreicht hat. Wenn Sie ihm das neue Brüderchen oder Schwesterchen vorstellen, wird es sofort neuen Höhen der Ekelhaftigkeit entgegenstreben. Es hilft Ihnen, indem es das ganze Haus mit Babypuder vollstreut. Es fordert unter Drohungen, gestillt zu werden, und wenn Sie ihm die freie Brust geben, läuft es weg und spielt den ganzen Nachmittag auf seinem Xylophon. Und es vergißt völlig, daß es mal wußte, wofür ein Topf da ist.

Unter drei Jahren fehlt Ihren Kindern der Durchblick, um zu merken, daß Sie der Familie noch ein Baby untergejubelt haben. Später stellen sie vielleicht Fragen, aber dann können Sie einfach wie folgt antworten: »Abigail? Das ist deine Schwester. Sie ist schon ein paar Jahre bei uns.«

Ab fünf können Kinder sehr nett sein, was Neuankömmlinge betrifft. Sie mögen das Baby aufrichtig, sind stolz auf es und fast immer bereit, jemandem seinen Willen zu tun, den es grauenhaft langweilt, ein halbes

Jahr alt zu sein, und sie machen sich gern nützlich und *sind* es auch oft.

Mädchen sind in diesem Alter besonders lieb. Bei Jungen kommt es später. Wenn Sie einen Teenager *und* ein Baby haben wollen, dann sollte der Teenager ein Junge sein. Jungen sind in diesem Alter freundlich, besorgt und meistens wunderbar, was Schwangerschaft und Babys angeht. Wundern Sie sich nicht, wenn Ihr Haus plötzlich voll von Halbwüchsigen mit prächtiger Figur und entsetzlichem Teint ist. Das sind die Freunde Ihres Sohnes, und sie helfen Ihnen gerne. Greifen Sie darauf zurück. Sie können Ihnen eine Tasse Tee machen oder sich von Ihrem Golden Retriever spazierenzerren lassen, und Sie können sie mit einer Heimdienstpizza ihrer Wahl belohnen.

Wenn Ihr Teenager ein Mädchen ist, ist es eine andere Geschichte. Sie wird anfangen, Klage zu führen, sobald sie weiß, daß Sie schwanger sind, und sie wird nicht aufhören damit. Sie wird sagen, nie wieder könne sie erhobenen Hauptes durch die Straßen wandeln, weil es so ungeheuer, so schrecklich peinlich sei. Sie wird ständig befürchten, daß das Baby sie weckt, denn sie ist in einem Alter, in dem sie wirklich ihren Schlaf braucht – schließlich muß sie die mittlere Reife machen und lang aufbleiben und den Leuten die Ohren volldröhnen oder sie bemitleiden, weil sie über zwanzig sind. Bilden Sie sich nicht ein, daß sie zu Hause bleibt und sich Ihnen als Babysitterin zur Verfügung stellt. Denn das tut sie nicht. Sie jagt jetzt Männer. Na ja – *Männer* ist nicht das richtige Wort. Es handelt sich eher um eine etwas verschwitztere und informiertere Ausgabe derer, die gern Babys im Arm halten und mit säugenden alten Damen plaudern. Wie alle Raubtiere hat Ihre Tochter nicht viel Zeit zur Muße. Drei mühsam abgeknapste Stunden im Bad, Neuaufstrich der Creme gegen unreine Haut, und sie ist wieder draußen auf der Straße, schnuppert nach Hosen und macht keine Gefangenen.

Am besten sagen Sie ihr gar nichts. Sie wird nicht merken, daß Sie schwanger sind, weil sie Sie ohnehin für unanständig fett hält. Wenn ihr nach der Geburt was auffällt, sagen Sie ihr, das hätten Sie sich nur für ein paar Tage ausgeliehen. Es tut nicht not, sie mit Einzelheiten zu belasten. Wenn Sie beim Wort »ausgeliehen« sind, wird Ihre Tochter bereits den Walkman angestellt haben.

Nun zur Kinderzahl. Je mehr Sie haben, desto höher sind Ihre laufenden Unkosten, aber der Anstieg ist nicht proportional. Sachen werden weitergereicht und umgearbeitet, und irgendwie fühlen sich alle um so wohler mit dem Gammel-Look, je größer die Familie ist. Und wenn sich an kalten Winterabenden viele Leute zusammenkuscheln, geben Sie weniger für Heizöl aus. Es läßt sich zwar nicht leugnen, daß acht Personen mehr essen als vier, aber sie essen nicht unbedingt das Doppelte, und es verdirbt weniger.

Der Vorteil der großen Familie besteht darin, daß sie längst nicht so arbeitsintensiv ist wie die kleine. Eltern mit einem oder zwei Kindern schuften immer sehr viel mehr, um dieselben Ergebnisse zu erzielen. Sie haben es sich kaum mit Nußkuchen und Zeitung bequem gemacht, da steht ein Kind mit dem Mensch-ärgere-dich-nicht-Brett und einem Ausdruck wehmütiger Einsamkeit vor ihnen. Bei zwei Kindern und zwei Eltern wird überdies von der unausgesprochenen Annahme ausgegangen, daß man sich paarweise zusammentut, entweder gemischtgeschlechtlich modern oder im alten Stil, will heißen, die Frauen bepinseln Plätzchen mit Zuckerguß und die Männer verfugen Fliesen.

In der großen Familie gibt es die besseren Mischungen. Es ist immer jemand da, der Mensch-ärgere-dich-nicht mit einem spielt oder sich mit einem streitet, und jeder kann mal ein umgänglicher Zeitgenosse oder ein unansprechbarer Muffel sein.

Heutzutage gelten Eltern mit vier Kindern als große Familie. Mehr als vier hält man für ein Symptom von

Katholizismus, Geisteskrankheit oder Uradel. Im Gegensatz zu den Neureichen, die sich mit zwei Kindern und tadellos in Schuß gehaltener Sonnenbräune begnügen, hat altes Geld gern viele Nachfahren. So hat es gute Aussichten, sich zu wärmen, wenn der Wind durch den Ostflügel pfeift, und es herrscht nie Mangel an Heimstätten für all die silbernen Löffel und häßlichen Sideboards, die zu besitzen es die Ehre hat.

Sie mögen eine gewisse Kontrolle über die Zahl Ihrer Kinder und die Altersunterschiede zwischen ihnen haben, aber wie die Sprößlinge geartet sind und was sie voneinander halten – das können Sie sich nicht aussuchen. Wahrscheinlich gibt es mindestens eine Beziehung mit Sand im Getriebe. Da können Sie nichts machen, außer auf Besserung oder Auszug hoffen, wenn die Kinder halbwegs erwachsen sind. Aber im allgemeinen entwickelt es sich phasenweise, wer wen haßt.

Neunjährige Jungen zum Beispiel werden von dreizehnjährigen Mädchen nicht übermäßig geschätzt. Wenn eine solche Dreizehnjährige aber neun wäre und ihr Bruder fünf, könnten sie die besten Freunde sein. Die Szene wechselt ständig, und so muß keines von all den Problemen Sie lange belasten. Behalten Sie nur dies im Gedächtnis: Je folgsamer das Mädchen in jungen Jahren ist, desto schriller sind ihre hysterischen Anfälle, wenn sie älter wird; Großkotzigkeit beim vorpubertären Jungen macht schließlich stiller Innenschau und einem Flaumbart Platz; und eine Familie, die etwas auf sich hält, bringt in jeder Generation mindestens einen misanthropischen Griesgram hervor. Die Tatsache, daß der Ihre Sommersprossen und einen Pferdeschwanz hat, bedeutet nicht, der Rest der Welt irre sich und sie habe recht.

Manche Kinder stehen von Anfang an mit dem linken Fuß zuerst auf, und dabei bleibt's. Wenn Sie durch gemeine Machenschaften der Humangenetik mit mehr als einem dieser Charaktere geschlagen sind, sollten Sie darauf bestehen, daß diese zusammen in einem Zimmer logieren, und sich eine Haushaltspackung Ohropax de luxe besorgen.

Und wenn Sie Kinder haben – wer kümmert sich dann um sie? Wird einer von Ihnen zu Hause bleiben? Ein Jahr, zwei Jahre, zehn Jahre? Oder werden Sie jemandem einen Haufen Geld zahlen, damit er oder doch wohl sie die Kinder für Sie großzieht? Und wenn Sie sich einig darüber sind, daß einer von Ihnen während der entscheidenden Jahre stets greifbar sein sollte, wer wird dann diesen Part übernehmen?

Wer auch immer – Sie werden es nicht ewig machen. Wenn Sie ein Mann sind, haben Sie wahrscheinlich schon klare Vorstellungen, wie lange Sie es tun werden und was Sie danach vorhaben. Wenn Sie eine Frau sind, dürften Ihre Pläne sehr viel vager sein. Warten, bis der Jüngste in der Schule ist und dann sehen, ob Sie etwas machen? Und zwar etwas ganz anderes, weil Ökotrophologie Sie noch nie so richtig elektrisiert hat und Sie eigentlich gern Arabisch studieren würden. Eines Tages.

Es gibt ein paar Dinge, die Sie vom Leben nach kleinen Kindern wissen sollten. Erstens: Wenn Sie nach mehrjähriger Pause in Ihren alten Job zurückkehren wollen, dann *bleiben Sie unbedingt am Ball.* Machen Sie ein bißchen Teilzeitarbeit, lassen Sie sich sehen, lassen Sie von sich hören, und halten Sie's wie die Jungs, indem Sie jeden einigermaßen nützlichen Kontakt kultivieren. Wenn Sie das nicht tun, werden Sie um Ihren zweiunddreißigsten Geburtstag herum allmählich unsichtbar, und wenn Sie fünfunddreißig sind, ist weniger von Ihnen übrig als von der Cheshire-Katze. Dann zählt es nicht mehr, daß die Leute noch vor zehn Jahren gesagt haben, wie fabelhaft Sie sind.

Es kann natürlich auch sein, daß Sie nicht wieder Ihren alten Job machen möchten. Vielleicht wollen Sie durchgreifende Veränderungen. Sich umschulen lassen. Oder ein eigenes Geschäft aufmachen. Hier ist das zweite, was

Sie wissen sollten: *Übernehmen Sie sich nicht.* Die Lektüre von Rezepten für berufstätige Mütter nach der Melodie ›Köstliche Gerichte in fünfeinhalb Minuten‹ ist nicht dasselbe wie eine berufstätige Mutter zu sein und in ein Zuhause zurückzukehren, wo bis auf eine Dose Stärkemehl und einen Beutel tiefgekühlter Erbsen Vorratsmangel herrscht, und ebenso ist der Versuch mit ein paar Bildern aus gepreßten Blumen nicht dasselbe wie die Eröffnung eines eigenen Kunstgewerbeladens.

Nach vielen Jahren, in denen Sie Nasen putzten, während Sie Eier verkleppert und den Telefonhörer abgenommen und der Avonberaterin durch den Türspalt »Nein danke« gesagt haben, ist es schwierig, sich plötzlich auf *eine* Sache zu konzentrieren. Und genau das werden Sie tun müssen, wenn Sie studieren oder etwas Schöpferisches machen oder Neuerungen einführen wollen. Sie werden egoistisch, fordernd und zeitweise gänzlich unverfügbar sein müssen. Und das ist nicht besonders nett, oder?

Wenn Sie der Mensch sind, der jeden Morgen aus dem Haus geht und fast jeden Abend zurückkommt, werden Sie in den Augen Ihrer Kinder zur magischen Gestalt. Sie werden sich auf den Laut freuen, mit dem sich Ihr Schlüssel im Schloß dreht, und Sie innigst umarmen. Jedenfalls öfter, als wenn Sie den ganzen Nachmittag Lebkuchenfiguren ausstechen oder sich oben in Ihrem Zimmer mit Ihren Ölbildern verschanzen, einen massiven Schrank vor der Tür und den Schrei auf den Lippen: »Ich bin nicht da!«

Wenn Sie etwas Interessantes machen – in einem Spielwarengeschäft arbeiten oder jemandem die Haare schneiden, dessen Bruder mal der Nachbar des derzeitigen Spitzenreiters der Hitparade war –, werden Ihre Kinder ebenfalls sehr stolz sein und Sie anerkennen. Sind Sie ein berufstätiger Vater, so freut Sie das vielleicht nur am Rande. Aber wenn Sie eine berufstätige Mutter sind, wird Ihnen solche Anerkennung viel bedeuten. Ihre Kinder mögen sie Ihnen bereitwillig schenken, doch der Rest der Welt zieht da nicht mit. Die Schule ist höflich-frostig, wenn Sie außer Haus arbeiten, Oma tut es weh zu hören, daß es mit dem Husten ihrer Enkel offenbar nie besser wird, und die Gesellschaft macht Sie für alles verantwortlich – von Junk-food bis zu Rechtsradikalismus.

Haben Sie Kinder, so stehen Ihnen wohl oder übel Kontakte mit denen anderer Leute bevor. Vieles davon ist unvermeidlich. Erst kommen die Kinder, die Sie und Ihre besten Freunde in die Welt gesetzt haben. Später erweitert sich der Kreis. Kinder von Nachbarn, Schulkameraden und schließlich Ihre Enkel. Bitte denken Sie daran, daß Sie nicht verpflichtet sind, alle zu mögen.

Wenn Sie keine Kinder haben, sind die Babys anderer Leute nicht übermäßig interessant. Pauken Sie gerade fürs zweite Staatsexamen oder sind Sie damit beschäftigt, eine zahlungsfähige Kundschaft für Ihren mobilen Fußpflegedienst zu gewinnen, so ist die Zahl der Zähne, die Ihr Neffe sein eigen nennen kann, nicht so atemberaubend, wie Ihre Schwester vielleicht meint.

Aber wenn Sie selbst ein Baby haben, sind Sie eingehend mit Zähnen befaßt. Und mit Schwangerschaftsstreifen. Und abwaschbaren Oberflächen. Es kann sehr gemütlich sein, wenn Sie zu mehreren sind und alle ungefähr gleichaltrige Kleinkinder haben. Dann braucht so vieles nicht erklärt zu werden. Das Häufchen gebrauchtes Küchenpapier hinterm Sofa. Die Tür zur Straße, die sich nicht öffnen läßt, weil der Kinderwagen davorsteht. Der Umstand, daß Sie mitten im Satz plötzlich einschlafen.

Es wird reichlich Gesprächsstoff geben. Die sanfte Geburt kann einen ganzen Abend füllen. Der Mann, von dem Sie geschworen hätten, er sei klüger als Stephen Hawking, wird bis zur Schokoladenmousse mit dem Mann, von dem alle sagen, er sei witziger als Woody Allen, über Ultraschalluntersuchungen sprechen. Zu solchen Zeiten ist es gut, unter Freunden zu sein.

Das ändert sich mit dem Tag, an dem einer der Junioren seinen ersten Schritt tut. Kaum daß er mobil ist, fangen Sie an zu entdecken, was für eine Bedrohung Kinder sein können, zumal wenn sie Leuten gehören, die Sie stets für Ihre Freunde gehalten haben.

Zwei Fehler werden immer wieder gemacht. Der eine ist, zu meinen, weil Sie die Eltern mögen, werden Sie auch ihr Kind mögen. Der andere ist, anzunehmen, daß Sie alle so weiterleben können wie bisher. Erwachsene zusammen, die lachen und diskutieren und den ungenießbaren Wein der jeweiligen Gastgeber trinken und kaum mal gestört werden von den Kleinen im Strampelanzug. Niemand möchte sich bei jedem Satz selbst unterbrechen, um »Nimm das aus dem Mund, Tobias« zu sagen. Niemand möchte sein Chili con carne kaltwerden lassen, weil er den Raum verlassen muß, um Jessica zur Vernunft zu bringen.

Die traurige Wahrheit ist: Mobile Kleinkinder und das normale gesellige Leben von manierlichen Erwachsenen sind unvereinbar. Sie laden alte Freunde zum Mah-Jongg und zur Pekingente ein, und was passiert? Sie bringen Benny mit. Er zieht sämtliche Bücher aus Ihren Regalen, und Ihre Freunde sind so beschäftigt damit, Ihnen von ihrem preiswerten Wochenendtrip nach Amsterdam zu erzählen, daß sie's nicht mal merken. Sie haben ein schlaues Kinderklappbett dabei, aber außer dem Bett klappt gar nichts. Benny ist zwar hineingesteckt worden, doch alle naslang erscheint ein geringeltes Beinchen über der Kante, und um Mitternacht ist er immer noch wach und sabbert auf die Garnelenkräcker. Bevor die Sonne aufgeht, werden Sie ihn hassen. Sie kennen seine Eltern seit vielen Jahren. Sie hätten jede Wette darauf gemacht, daß sie wissen, wie man mit Benny fertig wird. Aber jetzt schaukelt er in Ihrem Philodendron und nennt Sie *Onko* – soll »Onkel« heißen.

Was tun Sie da? Ertragen Sie's im Namen der Freundschaft und fluchen garstig, wenn Ihre Freunde nach Hause gegangen sind? Streichen Sie sie aus ihrem Adreßbuch? Oder nehmen Sie sie beiseite und sagen: »Peter, Anna, wir kennen uns schon so lange, daß ich weiß, ihr seid mir dankbar, wenn ich's euch sage. Wir finden es nicht so furchtbar komisch, daß Sissy auf ihrem Töpfchen sitzt, während wir pokern. Wir melden uns wieder bei euch, wenn sie aus dem Haus ist.«

Starke Worte! Aber bringen Sie das übers Herz? Ich nicht. Ich mag meine Freunde sehr, und ich will sie auch behalten.

Wenn Ihre Kinder und die Kinder Ihrer Freunde ein paar Jahre älter sind, wird die Freundschaft wirklich auf die Probe gestellt. Eines von den letzteren wird sich mit einem von Ihren streiten, und Sie dürfen als Schiedsrichter fungieren. Jedes Kind behauptet, das andere hätte angefangen, legt die Hand aufs Herz und wünscht sich den sofortigen Tod, falls es nicht die Wahrheit spricht, und schließlich geben Sie Ihrem Sohn die Schuld an allem, was an diesem Tag schiefgelaufen ist – vom Börsencrash bis zur kaputten Heizung. Wenn Ihre Freunde gegangen sind, können Sie sich entschuldigen, bis Sie blau im Gesicht sind, aber Ihr Sohn hat etwas gelernt, das er nie vergessen wird: Kinder auf Besuch kommen ungestraft mit schwerem Raub davon. Und Blut ist nicht unbedingt dicker als Wasser.

Mit der Zeit werden Ihre Kinder wissen, welchen Besuch man fürchten muß. Ich glaube, da hilft es, ehrlich zu sein. Sagen Sie Ihren Kindern, daß Sie wissen, was sie durchmachen. Ein, zwei Worte übers Ohrensteifhalten. Das kann den Sprößlingen nicht schaden. Wohin sie auch gehen im Leben, es wird immer jemand darauf warten, auf ihre Spielzeugeisenbahn zu springen.

Freundschaft ist das eine. Nachbarschaft ist etwas anderes. Haben Ihre Nachbarn Kinder im Alter der Ihren, so werden Sie feststellen, daß die Beziehungen zwischen den Junioren auf die eine oder andere Weise extrem sind. Entweder wohnen sie abwechselnd beieinander, tauschen ihren wertvollsten Besitz, ziehen das gleiche an und wollen nicht mal für acht Stunden Nachtruhe getrennt sein; oder es herrscht totaler Krieg: Schmähungen, widerrufene Geburtstagseinladungen und übern Zaun geflogene Fußbälle, die nicht zurückgeworfen werden. Und da wir gerade von Zäunen sprechen: Ich empfehle Ihnen einen mindestens zwei Meter hohen, der das Grundstück in voller Länge und Breite umgibt.

Ist der Krieg erklärt, so werden Sie entdecken, daß Mädchen schlimmer sind als Jungen. Jungen raufen schnell mal im Rinnstein, der Sieger geht nach Hause und gibt an wie eine Tüte Mücken, der Verlierer geht nach Hause und läßt sich ein Pflaster aufkleben, und am nächsten Morgen sind sie wieder draußen mit ihren Springstöcken und die dicksten Freunde. Mädchen ziehen's über Wochen in die Länge. Schreiben Briefe. Werben um nützliche Verbündete. Und warten genau den Moment ab, in dem sie aus einer Position der Stärke heraus verhandeln können. Es ist mir ein Rätsel, warum nicht mehr von ihnen in die Politik gehen, wenn sie erwachsen sind.

Von Eltern wird erwartet, daß sie sich nicht in so was reinziehen lassen. Dies ist eine moderne Übereinkunft der Mittelschicht. Früher standen die Frauen dauernd vor ihrer Tür und warfen sich gegenseitig Komplimente an den Kopf. Das war eine preiswerte und gesunde Form der Unterhaltung. Wenn Sie der Meinung waren, das Kind von nebenan sei ein giftiger Fettkloß mit eklig drekkigen Knien, konnten Sie's sagen, und zwar so laut, daß es im ganzen Umkreis widerhallte, und Sie waren dann nicht sonderlich überrascht, wenn Sie zu hören bekamen, Ihr kleines Unschuldslamm sei ein lumpiger Langfinger, der wahrscheinlich nach seinem Vater gerate – nur wisse man leider nicht, wer der Vater sei. Heute haben wir über derart unwürdigem Verhalten zu stehen. Es gilt als weitaus passender, die Kissen aufzuschütteln und milde zu sagen: »Hoffentlich vertragt ihr euch bald wieder.« Aber hören Sie auf meine Worte. Bei solcher Gefühlsunterdrückung ist noch nie etwas Gutes herausgekommen. Kein Wunder, daß es in Neubaugebieten soviel Schuppenflechte gibt.

Ihre Nachbarn mögen keine Freunde von Ihnen sein. Warum sollten sie auch? Bloß weil Ihre Häuser dicht nebeneinanderstehen, müssen sie keine tiefe und intensive Beziehung zu Ihnen haben. Wo ich aufgewachsen bin, war es völlig klar, daß kein Mensch ein freundliches Wort über jemand anderen zu sagen hatte. Wenn sich eine das Bein brach, kauften die Nachbarinnen für sie ein, und wenn einer starb, sammelten sie für einen Kranz, aber weiter ging's nicht. Und wenn es Ärger zwischen Kindern gab, hob ein gewaltiges Mantel-über-Schürzen-Anziehen und Gegen-die-Tür-Hämmern an und ließ der eine abwesende Ehemann dem anderen Dresche anbieten.

Die Kinder fremder Leute *können* faszinierend sein. Sie können Ihnen dazu verhelfen, daß Sie gewisse Dinge an Ihren eigenen Kindern wahrnehmen – zum Beispiel, wie nett sie sind. Sie können Sie aufrütteln, Sie dazu veranlassen, daß Sie sich Fragen stellen wie »Mache ich meine Kinder zu Parias, wenn ich ihnen erlaube, das Wort *Po* zu gebrauchen?« oder »Reinigt mein Toilettenputzmittel auch *wirklich* unterm Rand?« Die Kinder fremder Leute können Ihnen aufregende oder schauderhafte Einblicke in Vorgänge hinter geschlossenen Türen geben. Manche schauen Sie so verdutzt und entsetzt an, wenn Sie sich erkundigen, ob sie ein Tomatenbrot möchten, daß Sie merken, kein Erwachsener hat zuvor höflich mit ihnen gesprochen. Andere rennen die Treppe rauf und runter und knallen mit Türen, ohne Notiz von Ihnen zu nehmen. Das sind die mit ängstlichen, krankhaft zurückhaltenden Eltern, die nicht mehr so gut hören wie früher.

Manche Kinder essen nur Fritten. Manche scheinen noch nie Frischobst gesehen zu haben. Und manche finden sich mit ihren eigenen Hausschuhen, ihrem eigenen Handtuch und Einwegplastiküberzügen für die Klobrille bei Ihnen ein.

Ein, zwei kommen ungebeten. Das passiert oft nach der Einschulung Ihres Sohnes. Er taucht mit unbekannten Kindern auf, die Ihnen sagen, sie seien allergisch gegen billige Buletten. Oder Sie erfahren drei Wochen vor seinem Geburtstag, daß er dazu seine Klassenkameraden eingeladen hat – vierzig an der Zahl. Nun haben Sie die undankbare Aufgabe, denjenigen Einladungen zukommen zu lassen, die er wirklich mag, und sich um die bangen Anfragen von den Reservisten und deren Müttern zu kümmern.

Die Eingeladenen werden Sie mit der höchsten Dosis von Kindern anderer Leute konfrontieren, die Sie je schlucken müssen. Die meisten werden da sein, weil Ihr Sohn bei *ihrem* Geburtstag mit von der Partie war – selbst bei den Jüngsten kommt die Pflicht vor dem Vergnügen. Ein, zwei werden da sein aufgrund von Bestechung, Beziehungen und spontanem Wohlwollen. Die Besten von allen sind die geübten Kindergeburtstagsgäste. Sie verstehen sich darauf, nach dem Weg zur Toilette zu fragen. Sie haben keine Hemmungen gegenüber fremden Erwachsenen, die unter Ihrem Dach weilen mögen, etwa Tanten mit klapperndem Gebiß und Opas, die historische Tänze wie den Twist aufs Parkett legen. Und wenn es Zeit wird zu gehen, wissen sie genau, welcher Mantel ihrer ist und wie man sich nach einem Luftballon anstellt und »Vielendankfürdieeinladung« sagt.

Ich bin in langen Jahren des Suchens ungefähr einem Dutzend solcher Kinder und Tausenden von der anderen Sorte begegnet.

Wie gesagt, legen Sie sich einen mindestens zwei Meter hohen Zaun zu.

Die Nachtschicht

Einer der eklatantesten Konstruktionsfehler von Babys ist der, daß sie mitten in der Nacht Dinnerpartys wollen. Vielleicht kennen Sie ein in sich ruhendes, gesund aussehendes Paar mit einem Mutanten im Haus, der rund um die Uhr schläft, aber das Leben ist voller Unannehmlichkeiten, die Sie nun mal ertragen müssen. Manche Leute haben immer blattlausfreie Rosen. Oder es geht ihnen nie am Sonntagabend um zehn das Klopapier aus. Auch werden Sie überall einem Schlaumeier begegnen, der die Dinge im Griff hat. Für uns übrige Sterbliche lautet die grausame Wahrheit, daß ein Baby weniger Schlaf bedeutet. Sehr, sehr viel weniger. Darf ich es Ihnen unmißverständlich sagen? Babys kennen den Unterschied zwischen Tag und Nacht nicht. Irgendwann begreifen sie's, aber der Weg dorthin ist meistens lang und dornenreich. Es kann Jahre dauern.

Wahrscheinlich wissen Sie das schon, aber wenn Sie noch keine Kinder haben, teile ich Ihnen noch etwas Interessantes mit. Wissen ist das eine. Es glauben steht auf einem anderen Blatt. Ich will es Ihnen skizzieren.

Attila ist fünf Tage alt. Er wiegt siebeneinhalb Pfund, und es geht ihm prächtig. Sie sind heute mit ihm aus der Klinik gekommen und haben mehrmals seine Kleider gewechselt, weil die Windel nicht um seine dünnen Beine paßt und er ständig abwärts in seine Schuhchen und aufwärts in sein Hemdchen macht, und Sie haben ihn schließlich ins Bett gebracht – natürlich hat er sein eigenes Zimmer mit farblich aufeinander abgestimmten Vorhängen, Tapeten und Steppdecken sowie zu alledem passenden Scheuklappen fürs Schaukelpferd. Sie haben die Katze vor die Tür gesetzt, Attilas Hand etliche Male in Ihrer gehalten, »Jetzt sind wir endlich eine richtige kleine Familie, mein Schnuckelchen« gesagt, und nun sind Sie reif für acht Stunden Tiefschlaf. In der Nachbarschaft gehen die Lichter aus, und Sie schlummern ein. Ein neuer Lebensabschnitt hat begonnen.

Als erstes wird Ihnen daran auffallen, daß Sie zu einem Zeitpunkt wach werden, zu dem Sie's nicht vorhatten. Sie haben etwas gehört. Keinen Brüller. Nur die Ouvertüre zu einem. Klingt so wie der Motor eines Autos an einem kalten Morgen, der beinahe anspringt, aber eben nicht ganz.

Nun liegen Sie sehr still und halten den Atem an. Sie glauben, es könnte vorübergehen. Und wahrscheinlich teilen Sie das Bett mit jemandem, der sofort in Tiefschlaf verfällt und nichts gehört hat.

Nach einer Weile kapitulieren Sie und stehen auf. Sie stillen Attila, wechseln wieder seine Kleider, stillen ihn noch ein bißchen, und er, mittlerweile fast sechs Tage alt und erschöpft von all den Aktivitäten, schläft ein. Er hat sein warmes, flaumiges Köpfchen an Ihren Hals geschmiegt, sieht klein und verletzlich aus und riecht nach Babypuder, und nachdem Sie's ihm in seinem Bett bequem gemacht haben, meinen Sie, sooo schlimm sei es doch gar nicht gewesen.

Attila aber läßt sich Zeit. Er lauscht darauf, wie Sie Ihren Morgenrock ausziehen und der Wand erzählen, wieviel Milliliter er getrunken hat. Wenn Sie wieder ins Bett steigen, horcht er auf das Geräusch der Sprungfedern, und er wartet, bis Ihr Kopf das Kissen berührt. Dann macht er ein Äuglein auf, donnert in die Windeln und fängt erneut mit dem Kaltstart an.

Am nächsten Morgen sind Sie ein bißchen angeschlagen, aber Sie werden es überstehen. Sie bekommen noch die Schonbehandlung mit Nachmittagsschlaf und haben große Kraftreserven. Richtig beuteln wird es Sie erst später. Es kann viele Monate so gehen. Nacht für Nacht aus dem Schlaf gerissen zu werden, und das für lange Zeit, ist eine der exquisitesten Foltern, die je ersonnen wurden.

Von Feuerwehrleuten wird nicht erwartet, daß sie

Nacht für Nacht im Dienst sind. Aus einem einfachen Grund: Es zieht das Gehirn in Mitleidenschaft. Feuerwehrleute haben Kollegen und wechseln sich ab. Aber die meisten von uns müssen solo fliegen. Auf diesem Gebiet hat sich das Job-sharing noch nicht so richtig durchgesetzt, und wer sonst noch bei Ihnen im Haus ist, muß wahrscheinlich um halb sieben aufstehen und als Spitze der Wirtschaft tätig sein. Also sind Sie auf sich gestellt. Und während Sie diesen vierundzwanzigstündigen gastronomischen Service bieten, passiert einiges mit Ihnen. Sie entwickeln ein obsessives Verhältnis zum Schlaf. Sie sprechen mit wildfremden Menschen darüber, daß Sie keinen bekommen, phantasieren darüber, wie es war, als Sie noch welchen bekamen, und zuguterletzt sind Sie bereit, dafür zur Mörderin zu werden. Sie wandeln im Nebel, und wenn Sie in rascher Folge noch mehr Kinder in die Welt setzen, leben Sie jahrelang im absoluten Tran. Weicht er rechtzeitig zu Ihrem vierzigsten Geburtstag von Ihnen, so werden Sie mit Erstaunen feststellen, daß sich die Welt immer noch dreht und daß es da draußen Freunde gibt, die Ihnen lächelnd ein Glas Wein anbieten.

Am Anfang ist die Nachtschicht eine einfache Sache. Babys wachen meistens auf, weil sie eine Mahlzeit brauchen. Ihr Sohn wird immer nur ein bißchen wollen, und das oft. Und er wird rasch ermüden. Von Experten verfaßte Bücher sagen Ihnen wahrscheinlich, daß Sie nachsehen sollen, ob er nicht weint, weil er neu gewindelt werden muß. Ich habe noch nie ein Baby erlebt, das sich die Mühe gemacht hätte, aus so fadenscheinigem Grund aufzuwachen und zu schreien. Eine nasse Windel ist eine warme Windel, und alle Babys, die ich kenne, haben sich gern eine Weile darin gewälzt. Wenn es nach Stunden eiskalt geworden ist, verhält sich's anders, aber meistens wird Ihr Sohn Sie nicht deswegen wecken. Am Anfang geht es um Nahrung.

Haben Sie schon mal den Witz vom Bad und der

10-Uhr-Mahlzeit gehört? Er wird Ihnen gefallen. Ist zwar ein alter Hut, aber Sie finden ihn noch in ernsthaften Werken über Kinderpflege. Das Ganze gründet sich auf das Flaschenkind, einen tiefen Respekt vor dem Ticken der Uhr, und es geht etwa so: Ihr Kind braucht alle vier Stunden sein Fläschchen. Da bin ich d'accord. Er braucht es um 10, 14, 18, 22 und 4 Uhr. Jetzt kann ich schon nicht mehr ganz folgen. Aber lauschen wir weiter. Um all dies wissend, kann Muttern ihren Tag mit militärischer Exaktheit planen. Vor der 10-Uhr-Mahlzeit hat sie reichlich Gelegenheit, die Windeln auf die Leine zu hängen und Attila zu waschen. Nach der 10-Uhr-Mahlzeit wird er bis 14 Uhr schlafen, und Muttern kann inzwischen ihre Hausarbeit verrichten und das Essen vorbereiten. Da er liebenswürdigerweise auch von 14 Uhr 30 bis 18 Uhr schläft, kann sie überdies ein bißchen Radio hören und Vaters Apfelstrudel auftragen, bevor er das Köpfchen hebt und artig um *seinen* Tee bittet. Solche Pläne sind was für Menschen aus einer Spielzeugstadt. Wenn Sie noch einen festen Waschtag haben, wenn die Leute an Ihrer Küchentür schnuppern und »Fisch! Es muß Freitag sein!« sagen, haben Sie vielleicht Verwendung für diese Art Stundenplan. Wenn nicht, drehen Sie die Uhr zur Wand und denken Sie daran, daß mit einem Baby im Haus Termine etwas sehr Ungefähres werden.

Ein Brustkind braucht *ungefähr* alle drei Stunden eine Mahlzeit, ein Flaschenkind *ungefähr* alle vier Stunden, und in beiden Fällen schläft es bald wieder dank der Anstrengung, die Mahlzeit eingenommen zu haben.

Wenn Attila ein bißchen größer ist, interessiert er sich mehr für die allgemeine Qualität des Mahls nach Mitternacht. Die Milch mag köstlich sein, und Sie mögen sie genau richtig temperiert servieren, aber das ist eventuell nicht genug. Attila setzt sich vielleicht auf und sagt: »Her mit den Tänzerinnen! Jongleure und Feuerschlucker, erscheint!« Und dann merken Sie, daß er Sie nicht aus dem Bett geholt hat, weil er hungrig ist, sondern weil ihn seine

Zimmergenossen bestialisch langweilen. Das Pferd trabt nirgendwohin, der Bär mit den Stiefeln und dem Dufflecoat hat noch nie ein Wort gesagt, und Attila sehnt sich nach Action. Das ist nun wirklich schwer zu ertragen. Sie wissen, in der City hat der Abend kaum begonnen, aber Sie sind hier an der Peripherie und fühlen sich plötzlich uralt. Wer ist dieser Spaßvogel, der Backe-backe-Kuchen spielen will? Weiß er nicht, wie spät es ist? Und sind Sie ganz allein auf der Welt?

Natürlich nicht. Überlegen Sie mal. Sie sind viele, Sie sind Tausende. Wäre es nicht phantastisch, wenn Sie sich alle zusammentäten? Wäre es nicht großartig, wenn Sie in eine Nachtschicht-WG ziehen und sich zwischendurch vom »Wir-sind-eine-glückliche-Familie«-Spielen erholen könnten? Eine Zuflucht, wo Sie bleiben könnten, bis Ihr Kind begreift, daß es bei Morgengrauen keine rauschende Revue mehr gibt. Dann würden Sie nach Hause gehen und einem anderen mit Brei bekleckerten Desperado Platz machen. Sie könnten immer mit Leuten reden, und Sie blieben unbehelligt, wenn Sie nachmittags frühstükken und sich vierzehn Tage lang die Haare nicht waschen.

Da dieses Projekt scheitern dürfte, können Sie sich das Unausweichliche nur so angenehm wie möglich machen. Ich verwende das Wort »unausweichlich« mit Wohlbedacht. Es gibt keinen Ausweg, es gibt nur eines: Da müssen Sie durch.

Sie werden Menschen begegnen, die behaupten, sie könnten ein Baby davon kurieren, daß es nachts aufwacht. Diese Menschen sind Scharlatane. »Gib Deinem Sohn vorm Schlafengehen ordentlich was zu futtern«, sagen sie. Also verabreichen Sie ihm mit sanfter Gewalt Babysteinbutt und Pilze in Weißweinsoße, und er bleibt mucksmäuschenstill bis zum nächsten Morgen. Trotzdem tun Sie die ganze Nacht kein Auge zu, weil Sie sich Sorgen machen. Haben Sie ihm nun Schaden zugefügt oder nicht? Wie auch immer – er ist k.o. Ein paar Tage später stellen Sie fest, daß Sie, um denselben Effekt zu erzielen, Stilton, Stangensellerie und eine Auswahl vom Nachspeisenwagen dazunehmen müssen, und nach einer Woche haben Sie einen drei Monate alten Knaben, der wie ein Dreijähriger gebaut ist und immer noch zur Geisterstunde aufstehen will, weil er Ihr Gesicht so gern mag.

»Setzen Sie ihn unter Betäubungsmittel«, sagen die Leute. Das ist unmoralisch. Wirksam, aber sehr unmoralisch. Ich sage dies von der hohen Warte derer aus, die keine Säuglinge mehr haben.

»Versuch's mit dem Schnuller«, sagen die Leute. Mit dem *Schnuller?* Ich höre deutlich, wie meiner und Ihrer Mutter die Luft wegbleibt. Schnuller deformieren Ober- und Unterkiefer, sind ruinös für die Zahnstellung und verderben den Charakter aller Beteiligten. Kein Wunder, daß wir Briten unser Empire und Sie in Deutschland ichweißnichtwas verloren haben. Daneben bringen Schnuller Ihr Baby auch eine Weile zum Schweigen, also versuchen Sie's mit einem, wenn Sie der Verzweiflung nahe sind. Ich stehe voll auf Ihrer Seite. Vorausgesetzt, Sie tun nichts drauf. Zucker zum Beispiel. Wenn Sie Zucker drauftun, distanziere ich mich von Ihnen. Haben Sie Zwillinge oder ist es noch schlimmer gekommen, so würde ich behaupten, daß der Schnuller das einzige ist, was Sie vor dem Irrsinn bewahrt.

»Er friert. Versuchen Sie's mit einem Angora-Superflausch-Schlafanzug«, sagen die Leute.

»Er hat Angst. Versuch's mit einem Kuschelmuschel-Glühwürmchenglimme-Nachtlicht«, sagen die Leute.

»Der kleine Teufel will Sie doch nur manipulieren«, sagen die Leute. »Soll er sich heiser schreien.«

Alles Unsinn. Die Wahrheit ist ganz einfach. Der Schlaf-Wach-Rhythmus pendelt sich bei verschiedenen Leuten zu verschiedenen Zeiten ein. Wie beim Radfahren oder Nein-zu-seiner-Mutter-Sagen passiert es, wenn man soweit ist. Wenn Sie es jetzt auch kaum glauben mögen: Es wird bei Ihrem Kind ebenfalls passieren. Eines Morgens werden Sie aufwachen und ein ungutes Gefühl haben. Sie wissen, daß Sie etwas unterlassen haben, das Sie hätten tun sollen. Sie haben sich die ganze Nacht nicht gerührt. Und Ihr Sohn auch nicht. Er hat gelernt, wie das funktioniert mit dem Schlafen, und Sie können mit dem Rest Ihres Lebens fortfahren. Herzlichen Glückwunsch.

Aber bis dahin verschwimmen Ihre Tage und Nächte zum milchigen Dämmer, und den sollten Sie sich so angenehm wie möglich machen.

Der beste Trost sind andere Menschen. Sie übertreffen alles, was aus Flaschen und Pralinenschachteln kommt. Wenn Ihnen also aufgefallen ist, daß im Haus gegenüber jeden Morgen um vier Licht brennt, ziehen Sie Erkundigungen ein. Vielleicht geht es so aus, daß Sie eine neue Freundin haben. Oder ein blaues Auge. Wenn es in meiner Straße Leute gab, die zu nachtschlafender Zeit nicht schliefen, ließen sie nichts raus, zumindest nicht einer Frau mit wildem Blick, Morgenrock und Männersocken gegenüber. Bei Ihnen ist es vielleicht anders. Wenn nicht, kehren Sie zur Pralinenschachtel zurück. Orale Tröstungen sind nicht zu verachten. Etwas Gutes zum Naschen hat mancher verzweifelten Frau über lange Nächte hinweggeholfen. Wenn Sie also wach sein müssen, füllen Sie Ihren Becher, laden Sie sich was auf Ihren Teller und freuen Sie sich, daß Sie Zeit zum Nachdenken haben. Ich habe einige meiner besten Pläne während der Nachtschicht entwickelt.

Wahrscheinlich werden Sie nicht im Traum daran denken, Ihren Sohn mit in Ihr Bett zu nehmen. Oder? Es ist mit Risiken behaftet – etwa dem, daß Sie's beide warm und gemütlich haben, während Attila tut, was er nun mal muß. Obendrein ist Ihr Bett Ihr Revier, und Ihre Kinder müssen lernen, das zu respektieren. Wir wissen alle, was dabei herauskommt, wenn man lax mit der Schlafplatzordnung verfährt. Ich habe viel Erfahrung. Lassen Sie sich von mir helfen.

Wenn Sie entsetzlich müde sind und einen Sohn haben, der sich gern durch die Nacht nuckelt, kann es sehr vernünftig sein, ihn mit in Ihr Bett zu nehmen. Wiegen Sie oder Ihr Partner mehr als zwei Zentner oder geht einer von Ihnen gewohnheitsmäßig sturzbetrunken schlafen, so besteht die Gefahr, daß Sie auf Ihren Sohn rollen und ihn ersticken. Sonst nicht. Allmählich werden Sie ein Gespür entwickeln, das Sie davon abhält, ihn auch nur zu stören, und wenn er ein Brustkind ist, das nach einem halben Jahr noch gestillt wird, wird er lernen, von der einen Seite zur andern zu krabbeln und sich selbst zu bedienen, ohne *Sie* zu stören. Der einzige Haken bei diesem gemütlichen Arrangement ist der, nicht zu erkennen, wann die Zeit gekommen ist, daß er in sein Bett zurückkehrt und sich wie ein großer Junge benimmt. Diese Zeit kommt jedoch unweigerlich, und wenn er regelmäßig Haargel auf Ihrem Kissen hinterläßt, würde ich sagen, Sie sollten rasch handeln.

Mißverstehen Sie mich bitte nicht. Ich bin nicht total gegen das Bett für die ganze Familie. Ich habe nichts dagegen, wenn alle am Sonntag morgen unter meine Dekke schlüpfen. Sechs Schokoladehörnchen essende Leute krümeln beachtlich, und zwölf Beine sorgen für eine Affenhitze, aber man kann sich recht gut entspannen, ganz *en famille* sein und darüber diskutieren, wer diesen fürchterlichen Geruch hervorgebracht hat.

In der Nacht ist es anders. Das hat hauptsächlich mit Körpergröße und Zappeligkeit zu tun. Ihr Sohn sollte in *seinem* Bett schlafen, bevor Sie sich am Matratzenrand festklammern müssen, während er einen Seestern mimt. Sie meinen vielleicht, das verstehe sich von selbst, aber Sie glauben gar nicht, was manche Eltern aushalten.

Es gibt welche, die von Anfang an darauf bestehen, daß ihr Sohn in seinem Bett bleibt und nur dann den Fuß ins Elternschlafzimmer setzt, wenn er eine Befugnis mit Amtssiegel vorweisen kann, aber bereit sind, zu *ihm* ins Bett zu kriechen, sobald es zur Schlafenszeit schwierig wird. Eigentlich wollten sie's nur einmal tun. Sohnemann quengelt, weil seine Schlappen Böses mit ihm vorhaben, also gibt jemand nach und erklärt sich einverstanden, Häschen in der Grube mit ihm zu spielen. Ich garantiere Ihnen, daß zweierlei passiert: Entweder schläft Papa ein, und der Junge bleibt bis Mitternacht wach und spielt mit einem Bett voller Bauklötze. Oder der Trick funktioniert, der Kleine schläft ein, Papa steigt leise aus dem Bett, und just wenn seine Hand den Dimmer berührt, wacht Jung-Dschingis auf und brüllt, daß seine Eltern ihn beschummeln und die Schlappen sich eben *bewegt* haben.

Ich kenne feine Menschen, die so was schon seit Jahren mitmachen. Ich habe sie mit Engelsgeduld erklären gehört, daß Mama und Papa auch mal Zeit für sich brauchen. Es hat sie nicht weitergebracht. Mir scheint, wenn Sie das Stadium erreicht haben, in dem Sie das Zimmer Ihres Sohnes auf Zehenspitzen verlassen, ist er nicht empfänglich für rationale Diskurse. Man muß es ihm klipp und klar sagen. Wenn Sie um Worte verlegen sind – hier ist ein Textvorschlag. Sagen Sie: »Hör zu, mein Schatz. Ich bin müde. Du bist müde. Wenn du deinen Fuß aus dem Bett setzt, verdresche ich dich.« Tut er's dann (und er *wird* es tun), so verdreschen Sie ihn.

Wenn er diese schlichte Lektion gelernt hat, können Sie es sich leisten, in puncto Betten flexibel zu sein. Ich ermutige alle meine Kinder dazu, auch mal woanders zu schlafen. Schon ein Vierjähriger kann eine kleine Tasche packen und zu Freunden gehen. Das erweitert den Horizont und fördert die Wertschätzung des Ortes, den man sein Zuhause nennt. Durch Übernachten bei anderen Leuten haben meine Kinder eine Menge gelernt. Zum Beispiel, wie man wegen des Pausenbrots bei seinen Eltern anruft und wofür eine Haarbürste da ist.

Draußen schlafen ist auch gut. Mit einem Zelt im Garten kann eine unverstandene Elfjährige, zumal wenn sie nicht weiß, wie sie den Flug nach Neuseeland bezahlen soll, exzellent ihr Gesicht wahren. Und im engsten Familienkreis würde ich Kinder immer darin bestärken, hinsichtlich ihres Schlafplatzes nicht stur zu sein. So können sie gemeinsam ein Bett benutzen, um Raum für unerwarteten Besuch zu schaffen, und von Zimmer zu Zimmer wandern, je nachdem, welcher Bruder oder welche Schwester gerade Liebling des Monats ist. Was den Schlafplatz betrifft, spielen meine Kinder ständig die Reise nach Jerusalem, und solange sie mir und meinem Bettzeug nicht in die Quere kommen, mische ich mich nicht ein.

Aber nun zurück zu den Winzlingen, die sich auch beim besten Willen noch nicht an manierliche Zeiten halten können. Wenn dies Ihr erstes Kind ist, liegt das Geheimnis des Überlebens darin, daß alles eine Frage der Einstellung ist. Sehen Sie es nicht so, daß Sie weniger Schlaf bekommen. Sehen Sie es so, daß Sie Ihre Schlafgewohnheiten verändern. Denn hier ist die gute Nachricht. Wenn Ihr Sohn die halbe Nacht munter ist, gibt es tagsüber Zeiten, zu denen er schläft. Und tut er das, so können Sie's auch. Aber, höre ich Sie sagen, die Fenster sind seit Wochen ungeputzt, und ich bin doch berühmt für meinen selbstgebackenen Apfelkuchen. Meine Antwort auf dies und andere faule Ausreden, die Sie parat haben mögen, lautet: *Quatsch!* Quatsch das mit den Fenstern und Quatsch das mit dem Kuchen. Ziehen Sie die Vorhänge zu, dann sehen Sie nicht, wie die Strahlen der lieben Sonne auf dem Dreck spielen. Schieben Sie alle Zeitschriften, die Ihnen sagen, wie man in weniger als einer halben Stunde duftende Bratäpfel und einen knackigen Thunfisch auf Bauernart zaubert, weit von sich, und wenn Sie wirklich nicht ohne Kuchen leben können, dann geben Sie Ihrem Bäcker eine Chance. Und nun legen Sie den Hörer nebens Telefon und SCHLAFEN.

Fünf Minuten lohnen sich schon. Zehn Minuten lohnen sich erst recht. Erzählen Sie mir nicht, wie kaputt Sie sind, wenn Sie tagsüber einnicken. Müssen Sie nachts ohne Schlaf auskommen, so ist kaputt der Normalzustand, und unmittelbar nach dem Aufwachen sind Sie vielleicht noch kaputter, aber später werden Sie sich sehr viel besser fühlen. Erzählen Sie mir auch nicht, daß Sie nur bei vollständiger Dunkelheit und mit Flanellettenachthemd schlafen können. Jetzt müssen Sie anfangen, es im Ohrensessel und mit Gummistiefeln an den Füßen zu versuchen. Wenn Sie mehrere Kinder haben, ist es schwieriger. Sind sie noch klein, so erheben sie drohende Forderungen nach Orangensaft und Kindersendungen; gehen sie zur Schule, so sind Sie der doppelten Tyrannei eines Babys und des Stundenplans ausgesetzt. Attila schreit nach Essen und Varieté, wenn Sie um halb acht Fang-den-Turnschuh spielen müssen, und er schläft erst ein, wenn es Zeit wird, die anderen von der Schule abzuholen und einen Armvoll nasser Wasserfarben-Bilder nach Hause zu tragen. Da sehen Sie dann, was dafür spricht, mehrere noch nicht schulpflichtige Kinder zu haben oder zu warten, bis das älteste die ersten Pickel und Barthaare kriegt, ehe Sie ein zweites bekommen.

Führen Sie sich folgendes vor Augen. Sich mit teilweise schlaflosen Nächten, der Sopranblockflöte, wie sie ein Sechsjähriger spielt, und dem Problem herumschlagen, was Ihre Zehnjährige mit zum Erntedankfest nehmen soll, wenn nichts im Gemüsekorb ist außer einer kopflosen Puppe und einer auskeimenden Kartoffel – all das wird seinen Zoll von Ihnen fordern. Sie rasten leichter aus, Ihrem Haar mangelt es an Elastizität, und Sie fragen sich, wie das wohl ist, wenn sich jemand im Bankwesen auf dem Weg nach oben befindet und Nacht für Nacht sieben Stunden in Designerbettwäsche schläft. Haben Sie eine große Familie, so *denken* Sie nicht mehr an Schlaf, wenn Sie bei der letzten Pflichtrunde sind, sondern Sie *tun* es, während Sie scheinbar wach sind und alles unter Kontrolle haben, und Ihr Sohn tut es, wann und wo immer er das Bedürfnis hat. Unsere Jüngste ist mehrmals friedlich schlummernd im Wäschekorb gefunden worden. Auch auf der untersten Treppenstufe hat sie schon geschlafen – und auf einem Bruder, der sich den Spielfilm am Freitagabend anschaute.

Im Lauf der Zeit wird die Nacht neue Herausforderungen an Sie stellen. Hat Ihr Sohn schlafen gelernt, so lernt er auch bald, Alpträume zu haben. Das heißt, Sie haben immer Notdienst. Wenn er wimmernd aufwacht und Sie feststellen, daß er seine ganze Eisenbahn mit im Bett hat, liegt er vielleicht nur unbequem. Oder er hat Angst, weil die Lok auf den Boden gefallen ist. Sie werden instinktiv wissen, was zu tun ist. Ich fand es immer hilfreich, die Beherrschung zu verlieren. Wenn ich dem Kind dann zum besseren Verständnis meines Seelenzustands verholfen habe, befasse ich mich mit den praktischen Einzelheiten. Baue vielleicht in der Spielkiste ein Bett für den Knaben.

Es kann aber auch sein, daß es für einen verzweifelten kleinen Jungen mitten in der Nacht keine rationale Lösung gibt. Er fürchtet sich vielleicht ganz schrecklich, und ist das der Fall, so hat es keinen Sinn, wenn Sie's ihm auszureden versuchen. Sagen Sie zum Beispiel »Wie, zum Teufel, soll es auf einem Parkettboden mitten in Birmingham von Haifischen wimmeln?«, dann wird er nur noch lauter weinen. Es ist besser, Sie nehmen seine Geschichte ernst und machen mit. Ich habe viele Stunden nackt auf meinen Knien verbracht, mit Besenstielen unter Betten herumgestochert und gerufen: »Schluß jetzt, großer grüner Bär! Komm raus da und merk dir eins: Niemand, hörst du, *niemand* frißt kleine Jungen, wenn ich in der Nähe bin.« Kinder finden so etwas sehr tröstlich. Und wenn Sie selbst Probleme mit Haifischen und großen grünen Bären haben, wird die Elternschaft Sie zur Frau oder zum Mann machen. Da Sie als stark und zuverlässig gelten müssen, können Sie bald besser mit Spinnen, Würmern und nächtlichem Gepolter umgehen.

Wir kommen zum Problem der Schlafenszeit. Ihr Sohn wird nicht ewig mit einer trockenen Windel, einem Kinderlied und Licht aus um sieben zufrieden sein. Eines Tages muß er Schularbeiten machen, und Freunde schauen auf einen Apfelsaft vorbei. Zu viele Vorschriften über die Schlafenszeit können zu Frontalzusammenstößen führen.

Ich bin zu folgender Auffassung gelangt: Wenn jemand sieben oder acht ist, kann er anfangen, ein bißchen Selbstdisziplin zu üben. Manche Menschen brauchen sehr viel Schlaf, andere kommen fast ohne aus. Wenn Ihr Sohn bis nach Mitternacht Karl May liest und am Frühstückstisch trotzdem mit intelligenten Sätzen glänzt – warum sollten Sie sich dann mit ihm streiten? Läßt man Kindern ein wenig freie Hand dabei, wie lange sie aufbleiben, so entwickeln sie allmählich eine vernünftige Einstellung, wenn es darum geht, sich nach einem anstrengenden Tag früh schlafen zu legen. Das klingt recht nachgiebig, aber werden Sie nur nicht nervös. Wenn Ihr Sohn lange aufbleibt und den Rest der Woche nicht zu ertragen ist, ist er noch zu klein, seine Schlafenszeit selbst zu bestimmen. Versuchen Sie's in einem Jahr wieder. Er muß erwachsen genug sein, um beide Seiten der Medaille zu sehen. Ich bestehe nur darauf, daß ich ins Bett gehen kann, wann *ich* will. Das ist wichtig.

Und ähnliches gilt bei mir für die Tage, an denen wir alle aufstehen können, wann wir wollen. Ich bin mit dem Wecker, Rührei und Schinken und einer frischen Bluse jeden Morgen großgeworden, aber wenn meinen Kindern beim Frühstück der Sinn nach der Sesamstraße und einer Banane steht, sehe ich keinen Grund, es ihnen zu verbieten. Wenn sie mich brauchen, wissen sie, wo meine Tür ist. Solange sie das Anklopfen nicht vergessen. Und solange sie nicht automatisch erwarten, daß ich wohlgesittet bin. Manches Kind, das uns besuchte, war sprachlos beim Anblick einer Mutter, die mit einem Buch von Jack Kerouac und einer Kanne Tee im Bett lag, wo sie doch auch hätte auf sein können, ihre Schürze umgebunden und Würstchen grillend. Ich würde mir gern einbilden, daß ich diesen Junioren ein Licht aufgesteckt habe.

Allmählich nehmen die nächtlichen Anforderungen an Sie ab. Attila ist jetzt groß genug, um sich selbst ein Brot zu schmieren, wenn ihn der Hunger plagt, nachdem das Personal Feierabend gemacht hat, und er hat gelernt, ein Buch zu lesen oder ein Modellflugzeug zu bauen, wenn er noch nicht müde ist. Ja, diese herrlichen Zeiten werden kommen. Aber bis dahin sollten Sie sich nichts Heroisches aufbürden.

Kürzen Sie möglichst viele Verfahren ab. Machen Sie Ihre Nickerchen. Und hören Sie mir zu, denn ich gebe Ihnen hier ein paar zeitsparende Tips. Erstens: Ordnung schaffen nach dem Wirbelwindprinzip. Die Idee dahinter ist, daß sich feinverteilter Dreck leichter ignorieren läßt als ein sauberes Durcheinander. Sie brauchen einen großen Plastiksack. (Bei Kindern brauchen Sie fast immer einen großen Plastiksack.) Einmal täglich/wöchentlich/jährlich – je nachdem, wie tief Sie gesunken sind – schmeißen Sie rein, was Ihnen im Weg liegt. Dies verwandelt die Zimmer in Minutenschnelle und hat einen nützlichen Nebeneffekt. Es bewegt Ihre Kinder dazu, nicht alles in Haufen zu hinterlassen. Die Qual, daß man in einen Sack mit dem Müll anderer Leute tauchen muß, wenn man seine wichtigen und kostbaren Sachen finden will, verhilft ihnen zur Aufgeschlossenheit dem Gedanken des Sofortaufräumens gegenüber. Und nur ein freier einziger Tisch, ein einziger Boden, auf dem Sie gehen können, ohne sich den Knöchel zu verstauchen, wirken manchmal Wunder für die Laune nach einem langen, harten Tag voller Versuche, sich nicht unterkriegen zu lassen.

Der zweite Tip ist das Abschöpfen des Bügelkorbs. Ich nehme mal an, daß Sie schon auf den Dreh gekommen sind, nichts zu bügeln, mit dem Sie auch ungebügelt leben können. Damit sind Sie reif für die fortgeschrittene Bügelvermeidung. Diese Technik entwickelte sich, als ich bemerkte, daß ganz unten im Korb immer Sachen lagen, die nie gebügelt wurden. Es waren solche, die umfassender Reparaturen bedurften, und solche, die wir nicht ausstehen konnten, aber aus Feigheit nicht wegwarfen. Allmählich füllte sich mein Leben mit hosenlosen Reißverschlüssen und Polyesterkleidchen, über die meine Tochter herzzerreißend schluchzte. Ich entschloß mich zum Handeln. Und mittlerweile schöpfe ich zweimal im Jahr die Sachen ab, die mindestens einmal pro Woche in den Bügelkorb wandern und ihn wieder verlassen. Sie haben sich einen Platz in meinem Herzen erobert und sind bis auf weiteres in Sicherheit. Dann kippe ich den Rest in einen jener großen Plastiksäcke und gebe ihn so schnell wie möglich zur Altkleidersammlung. Irgendwie haben wir nie ein Stück davon vermißt.

Dieses Prinzip können Sie auch auf andere Problembereiche anwenden. Ist Ihr Küchenschrank voll Firlefanz wie Engelwurz und Spraydosen ohne Düse? Nun, dann wissen Sie jetzt, was zu tun ist.

Machen Sie außerdem nichts selbst, was Sie – zumutbare Preise vorausgesetzt – auch kaufen können, kaufen Sie nichts, was Sie nicht wirklich brauchen, und achten Sie auf den Umgang, den Sie pflegen. Haben Sie nichts mit Supermutti und Wundervati zu schaffen. Halten Sie sich fern von Menschen, die mit der einen Hand Flickendecken und mit der anderen Brandteig machen.

Und bedenken Sie dies. Am Ende von alledem werden Sie eine nützliche neue Fähigkeit erworben haben. Sie können in Kassenschlangen schlafen, ohne daß jemand was davon merkt.

In den Vorschuljahren werden Sie, auch wenn Sie das Glück haben, daß Ihr Sprößling gesund und kräftig ist, in näheren Kontakt mit den Profis kommen: Leuten, die sich entschlossen haben, die besten Jahre ihres Lebens der Fürsorge für Kinder und andere Minderheiten zu widmen. Sie werden Hebammen, Säuglingsschwestern, Ärzten und Zahnärzten begegnen. Sie brauchen nicht auf die Knie zu fallen, sich nicht in den Staub zu werfen und nicht in ehrfürchtigem Schweigen zu verharren. Es handelt sich größtenteils um Menschen wie Sie und mich. Das dürfen Sie nicht vergessen. Sie haben Vorurteile, den berühmten blinden Fleck, schlechte Tage. Und wenig Göttliches, aber das hatte ich wohl schon gesagt.

Zunächst die Hebammen. Es gibt zwei Sorten. Klinikhebammen und solche, die mit spritzigen Kleinwagen voller Watte über Land fahren. Die sind ein ganz anderer Menschenschlag.

In der Klinik werden Sie, wenn Sie am Hebammenlack kratzen, eine Krankenschwester finden. Dank ihrer Grundausbildung wird bei ihr die Betonung auf Ordnung, Sauberkeit und emotionaler Distanz liegen. Ist es also ein Wunder, wenn sie sich als tyrannisch-zwanghafte Lakenstraffzieherin entpuppt? Und kann es überraschen, daß so wenige Krankenschwestern erfolgreich den Übergang zur chaotischen Wärme von Hebammendienst und Säuglingsstation bewältigen?

Neugeborene buchstabieren sich wie ANARCHIE, und gute Säuglingsschwestern gehen nicht dagegen an. Sie sind Ausnahmefrauen, geschickt, empathisch und mit gesundem Menschenverstand begabt. Wenn Sie einem dieser seltenen Wesen begegnen, dann umarmen Sie sie herzlich und schenken Sie ihr eine große Flasche erlesenes Parfüm.

Wenn Sie sich dagegen unterm Adlerblick einer Säuglingsschwester wiederfinden, die ein obsessives Verhältnis zu Desinfektionsmitteln und regelmäßigem Stuhlgang hat, sollten Sie ernsthaft erwägen, um frühzeitige Entlassung nachzusuchen. Die besten Chancen haben Bewerberinnen, die Ärger machen.

Bei uns in Großbritannien ist die Mutter in den ersten zehn Lebenstagen ihres Babys in der Obhut einer Hebamme, was heißt, daß einen Teil dieser Zeit eine Gemeindehebamme ins Haus kommt. Meist ist sie sehr nett, und das muß sie auch sein, wenn sie den lieben langen Tag bei fremden Leuten ein und aus geht.

Offiziell kommt sie, um ein Auge auf Mutter und Kind zu haben. Um sich zu vergewissern, daß der ausgediente Gepäckzettel säuberlich vom Bäuchlein des Babys abfällt und ein Ding hinterläßt, das Nabel heißt. Um auszuschließen, daß der Kater auf dem Gesicht der Kleinen schläft und die Mutter heimlich, still und leise überschnappt. Aber wenn sie so ist wie die Hebammen, die ich gekannt habe, tut sie noch viele andere Dinge. Kocht Tee, erzählt dem zwei Jahre alten Erstgeborenen noch mal vom Daumen, der die Pflaumen schüttelt, und bringt den Hund vom Ausreißen ab.

Sind Sie jetzt neidisch? Nicht doch. Denn am zehnten Tag läßt die britische Hebamme auf dem Weg nach draußen die Tür einen Spaltbreit offen, und eine Gesundheitsfürsorgerin, kurz GF, schleicht sich ein. Da sie weder Tracht noch Uniform trägt, könnte sie mit einer Zeugin Jehovas verwechselt werden. Die gehen aber meist wieder, wenn man sie darum bittet. Nicht so die GF.

Sie ist gut ausgebildet, sozial gewieft und der erste kindorientierte Profi, zu dem die britische Mutter eine Dauerbeziehung hat, also schlägt sie die Zähne vernünftigerweise nicht gleich ins Fleisch der GF, denn vor ihr liegen noch viel höhere Hürden, die auch die deutsche Mutter zu meistern hat. Lehrerinnen zum Beispiel.

Welcher Typ Mensch fühlt sich nun zu solcher Arbeit

hingezogen? Ich habe seinerzeit angenommen, es handle sich um Frauen, die Erfahrung mit eigenen Kindern hätten und dafür bezahlt werden wollten, daß sie diese Erfahrung weiterreichten. Das war ein Irrtum. Die GF ist häufig kinderlos. Und wieviel Respekt haben Eltern wohl, wenn sie ein halbes Jahr Elternschaft durchgestanden haben, vor den Auffassungen einer solchen Frau?

Ist die GF in mittleren Jahren, so sind ihr schon einige Anwürfe und Schlimmeres an den Kopf geflogen. Sie ist furchtlos und unerschütterlich, also ein zweifaches Hoch auf die ältere kinderlose GF. Bei der jüngeren kinderlosen frage ich mich dagegen, für wen sie sich eigentlich hält. Wie kann sie es wagen, mit roten Bäckchen in die Küchen anderer Leute zu treten, um ihnen zu erzählen, daß Kinder leuchtende Grundfarben mögen? Ich würde sie am liebsten beurlauben und erst wieder Dienst tun lassen, wenn sie Tränensäcke unter den Augen hat.

GFs und sonstige Profis sollen die Menschen bei der Elternschaft beraten und überwachen. Was nur zeigt, welch verschüchterte Generation wir sind. Manche Eltern brauchen diese Leute. Ich meine solche, die ihren Säuglingen schwarzen Tee ins Fläschchen tun. Oder sie stundenlang ans Bettchen fesseln. Oder auf sie draufspringen. Aber die meisten Eltern brauchen diese Leute nicht. Sie tragen lediglich zur Erhöhung des Blutdrucks und zur Einbuße des Selbstvertrauens bei. Da es sie jedoch gibt, müssen wir uns mit ihnen befassen.

Eine der Hauptsorgen der GF sind die häuslichen Verhältnisse der britischen Mutter. Sie wird sich davon überzeugen wollen, daß diese ihr Wasser nicht aus einer Zisterne im Keller schöpft und ihre Wohnräume nicht mit einer Rinderherde teilt. Tut sie's, so muß sie mit Schwierigkeiten rechnen.

Hier wie überhaupt wird auch das Problem der Zimmertemperatur auftauchen. Jedes in einer Klinik geborene Kind kommt mit der Vorstellung nach Hause, daß die ganze Welt ein heißer und ungelüfteter Ort ist. Das ist schon mal ein guter Grund, möglichst bald aus der Klinik zu türmen. Je eher Sie die Erwartungshaltung Ihrer Tochter korrigieren, desto besser ist es für deren Gesundheit und Ihre Heizkosten. Diese spartanische Einstellung wird von der GF nicht geteilt. Sie möchte ein Thermometer an der Kinderzimmerwand sehen, und selbst Mitte August klopft sie dagegen und blickt die Mutter vielsagend an. Dabei ist das Menschengeschlecht schon ziemlich alt. Älter jedenfalls als die Zentralheizung. Ich bin in einem Haus aufgewachsen, wo Schlafzimmer nur geheizt wurden, wenn jemand starb. Und mein Vater ist in einem Haus geboren, in dem die Tür zur Straße nie geschlossen wurde. Weil sie sich einfach nicht schließen ließ. Wenn Sie meinen, Ihre Tochter läge im Zug, dann setzen Sie ihr eine Mütze auf. Leute ohne Haare verlieren viel Wärme über den Kopf.

Die GF zeigt auch ein flüchtiges Interesse an den hausfraulichen Qualitäten der britischen Mutter. Bringt es diese nicht mal auf einen halben Stern, so muß sie standhaft bleiben. Die GF schaut ja nur gelegentlich vorbei.

Sind Sie, wo auch immer Sie leben, kein Mensch, der hingegeben wischt und putzt, so sollten Sie nicht damit anfangen, wenn Sie ein Baby haben. Die Hygiene ist ein seltsames Ding. Je mehr Sie davon hermachen, desto weniger tröstet es Sie. Je erbitterter Sie Krankheitskeime verfolgen, desto eher verfallen Sie der Zwangsidee, daß sie vielleicht doch den Sieg davontragen.

Als ich noch viele kleine Kinder kannte, habe ich etwas sehr Merkwürdiges beobachtet. Die Sprößlinge von Müttern, die ein überaus engagiertes Verhältnis zum Wischen und Putzen hatten, mußten sich alle naslang mit verdorbenem Magen ins Bett legen. Die Kinder, die wie auf dem Bauernhof aufwuchsen, waren bärengesund. Und noch was. Die Wisch- und Putzerinnen besaßen Reinigungsmittel für jede dem Menschen bekannte Fleckenart und verwahrten sie an praktischen Orten. Unter der Spüle zum Beispiel. Ich bin heute so sicher wie damals, daß die größte Gefahr unter diesen Spülen lauert – größere jedenfalls, als wenn sich ein Kind auf meinem Boden kugelt. *Ein* Putzmittel genügt. Verwenden Sie's sparsam, stellen Sie's auf ein möglichst hohes Bord und versuchen Sie gar nicht erst, die Profis zu beeindrucken.

Und damit zurück zur GF. Sie will sicher sein, daß die Mutter geistig und körperlich gesund ist. Sie ermutigt die Mutter, ein tätiges Interesse an der Entwicklung ihrer Tochter zu nehmen, und vielleicht fragt sie gleich beim ersten Besuch, ob die Mutter schon mal was von *Bindung* gehört hat.

Dieses Phänomen gab es unbemerkt viele Millionen Jahre, bis es in den Siebzigern von einem Arzt entdeckt wurde, einem Franzosen vermutlich. Es ist der eigentümliche Vorgang, kraft dessen Eltern ihrer Kleinen in die Augen schauen, ihre Seele sehen und sich in sie verlieben. Es hilft gewährleisten, daß Menschen um sie sind, die sich um sie kümmern. Es war immer fakultativ wie der Sex, aber letzten Endes hatten die meisten Kinder irgendwie mindestens einen Erwachsenen, dem an ihnen lag. Doch heutzutage ist die Bindung ein Muß.

Sie werden schon aufgefordert, einen Anfang zu machen, wenn Ihre Tochter zwei Minuten alt ist, obwohl Sie vielleicht lieber schlafen oder sich in einem Steakhouse die Speisekarte rauf und runter essen würden. Die Kleine wird Ihnen in den Arm gelegt, und alle stehen um Sie herum und warten, wo die Bindung bleibt. Das ist so ähnlich, als wollte man versuchen, bei einem Festzug der Liebe zu pflegen. Machen Sie sich keine Gedanken, wenn es nicht gleich klappt mit der Bindung. Sich verlieben dauert seine Zeit, und vielleicht sind Sie ein paar Tage nicht mal fähig zu begreifen, daß dieses Kind von nun an bei Ihnen leben wird, obwohl es aussieht wie ET. Es besteht kein Grund zur Eile. Schließlich *werden* sich Dinge ereignen, die Sie an Ihren Sprößling binden. Zum Beispiel, wie Ihre Tochter aussieht, wenn sie schläft. Oder wie Ihr Sohn zehn Mark bei Ihnen schnorrt, um Blumen zum Muttertag für Sie zu kaufen.

Wenn aber die GF die Szene betritt, will sie Zeichen einer starken Mutter-Kind-Bindung sehen und – seit den späten siebziger Jahren – auch solche einer Vater-Kind-Bindung. Die Väter sind eine weitere Entdeckung jüngeren Datums. Zweifellos wird man uns in nicht allzuferner Zukunft von deren fürchterlichen Nebenwirkungen berichten, aber die GF ist eine Frau auf der Höhe der Zeit und sehr für die Väter. Besonders wenn sie gut binden. Was sie nicht sehen will, sind irgendwelche Zeichen von Mutter-Vater-Bindung.

Falls Sie sich dies gefragt haben sollten: Sie *können* binnen eines Monats nach der Geburt wieder ein Kind empfangen. Man empfiehlt Ihnen freilich, *ES* nicht zu tun, bis Sie nach sechs Wochen auf der Hebebühne des Gynäkologen waren und der geprüft hat, ob alles okay ist. Ich würde sagen, wenn dem nicht so ist, werden Sie keine Freude daran haben, *ES* zu tun, und Sie sollten nichts tun, woran Sie keine Freude haben. Haben Sie jedoch Freude daran und wollen Sie wirklich zwei Kinder unter zwei Jahren, so ist dies Ihre Sache. Meiner Meinung nach sind Sie zwar verrückt, aber ich werfe sicher nicht den ersten Stein.

Die GF gibt der Mutter zu verstehen, daß ihr Körper Zeit braucht, um sich von der Schwangerschaft zu erholen, und daß sie Zeit braucht, um Spaß an dem Kind/den Kindern zu haben, das oder die sie schon hat. Das ist nicht ganz unwahr. Aber für die meisten Frauen ist die Schwangerschaft keine Krankheit. Auch sind die meisten Eltern nicht so töricht, ein weiteres Kind zu zeugen, bevor sie darauf eingerichtet sind. Und noch was, Stillen ist keine zuverlässige Empfängnisverhütungsmethode.

Aber fahren wir fort mit der GF, die voll nützlicher Hinweise auf der Stuhlkante sitzt. Ihre Hauptsorge ist Mutters Tochter und deren Wohlergehen.

Sie will überprüfen, ob Dora wächst. Im Lauf der Wochen sollte sie auch zunehmen, wahrscheinlich in Schüben. Nimmt sie nur langsam zu, so stellt die GF vielleicht die Ernährungsmethoden der Mutter in Frage. Möglicherweise möchte sie ganz genau wissen, wieviel Dora bekommt, und möglicherweise möchte sie regelmäßig vorbeischauen und sie wiegen. Sie will natürlich nicht, daß die Mutter ein Halbschwergewicht hervorbringt. Sie will sich bloß davon überzeugen, daß die Kleine nicht krank ist. Nur ein Jammer, daß sie immer dann zum Wiegen kommt, wenn die Mutter ihre Dora gerade zu einem Nickerchen überlistet hat.

Schließlich naht der Tag, an dem die Mutter als fit genug gilt, um ins Freie gelassen zu werden. Zu diesem Ende muß sie einen Kinderwagen steuern können. Hat sie bereits den Führerschein für den Standardsupermarkteinkaufswagen mit vier linken Rädern, so wird sie nichts dabei finden. Nun fordert die GF sie freundlich auf, zu den Untersuchungen beim Kinderarzt oder der Kinderärztin zu erscheinen. Wenn die Mutter am Ende eines sieben Kilometer langen Feldwegs wohnt oder ihren Papagei gelehrt hat, die GF mit minder schmeichelhaften Ausdrücken zu belegen, stellt diese ihre Hausbesuche vielleicht ein und begnügt sich damit, Mutter und Kind in Zukunft bei sich zu empfangen. Drückt sich die Mutter davor, so kommt die GF wieder. Und zwar mit Verstärkung.

Die Praxen von Kinderärzten oder Kinderkliniken sind nicht das Gelbe vom Ei. Man könnte sogar behaupten, sie seien ein bißchen die Hölle auf Erden. Zum einen ist es dort fürchterlich laut. Und es wird viel gewiegewackelt. Wiegewackeln ist das, was nervöse Erwachsene tun, wenn sie ein Kind im Arm haben, das gleich losbrüllen wird. Gewiegewackelt wird über der Schulter, was Druckstellen und blaue Flecken zur Folge hat. Auch überm Knie, was ein Kennzeichen der ängstlichen Anfängerin ist und leicht zu Verletzungen der Achillessehne führt. Echte Profis wiegewackeln überm Arm. Zu diesem Zweck laufen sie unablässig auf und ab und tun so, als wollten sie ihr Baby aus dem Fenster werfen. Sie *dürfen* nur so tun.

Dieses Verfahren ist kurzzeitig sehr wirksam. Es verschafft der Mutter Aufschub. Aber schließlich geht es doch los mit dem Gebrüll, und dann kann sie nicht viel machen. Eventuell hilft es, wenn sie ein paar Sachen ablegt. Hat das keinen Erfolg, so versucht sie vielleicht, dem Baby ein paar Sachen auszuziehen. In Kinderkliniken – und nicht nur dort – sind die Kleinen fast immer zu warm angezogen.

Wenn die Mutter schließlich Doras pelzgefütterten Teddy-Anorak, die Stretchfrotteekeilhose und die Angoraohrenschützer entfernt hat und Dora nach wie vor so aussieht wie ein vom Hitzschlag bedrohter Kobold und ihre Schnute immer noch nicht hält, kann sie nur eines tun: gehen. Das heißt, sie muß Dora die Sachen wieder anziehen, sie irgendwie dazu kriegen, daß sie in ihrem Kinderwagen bleibt, und geloben, bald wiederzukommen. All das vor den Augen und Ohren käsiger, wiegewackelnder Mitmütter.

In Kinderkliniken und Kinderarztpraxen werden Sie vielen sehr müden Frauen begegnen, die nach Käse riechen. Das mag Sie aufheitern. Vielleicht finden Sie neue Freundinnen. Als ich mich zum erstenmal in eine Kinderklinik wagte, spuckte mir ein großes kahlköpfiges Baby – ein Mädchen – über beide Füße. Das Mädchen ist inzwischen größer als ich, und ihre Mutter ist immer noch meine beste Freundin. Wenn Sie also nach Kontakten ausgehungert sind, kann es lohnend sein, sich in den Wartebereichen des Gesundheitswesens aufzuhalten. Suchen Sie sich eine Frau aus, die Sie sich als Freundin vorstellen können, und fragen Sie sie, ob sie Lust hätte, auf ein Glas Sherry und ein Valium zu Ihnen zu kommen.

Kinderkliniken nehmen bei uns auch Impfungen und Entwicklungstests vor.

Das britische Kind wird in den ersten eineinhalb Jahren seines Lebens gegen Kinderlähmung, Diphtherie, Wundstarrkrampf und Keuchhusten geimpft, später gegen Masern. Als Mutter weiß ich, was für eine Qual der Impfstoff gegen Keuchhusten sein kann. Ich weiß aber auch, wie entsetzlich Keuchhusten ist, denn ich habe es gesehen. Und genauso entsetzlich sind alle anderen Krankheiten, vor denen Kinder geschützt werden sollten, aber nicht geschützt werden können, wenn Eltern sämtliche Impfungen, die angeboten werden, sabotieren.

Entwicklungstests sind nicht halb so schlimm, sondern eher unterhaltsam, zumindest für die Mutter. Der Grundgedanke dabei ist, die feinmotorischen und kognitiven Fähigkeiten des Kindes (so heißt das nun mal im Jargon) anhand einer vorgegebenen Norm zu überprüfen.

Hier kommt bei uns wieder die GF ins Spiel. Außer den augenfälligen Dingen wie ohne Hilfe sitzen und einen Löffel geradehalten können, untersucht sie auch die körperlichen und geistigen Fortschritte, die das Baby macht. So zieht sie zum Beispiel eine Schachtel Bauklötze aus ihrer Tasche, und während sie in ihrem Handbuch nachschlägt, wozu Kinder mit achtzehn Monaten in der Lage sein sollten, baut Dora ein passables Modell des nächstgelegenen Stadions und versucht, die Bauklotzschachtel zu essen. Die britische Mutter denkt sich nichts dabei und läßt die GF spielen. Dafür wird sie ja bezahlt.

Wenn mit der Entwicklung Ihres Kindes etwas schiefläuft, werden Sie es wahrscheinlich als erste merken. Das gehört zu den komischen Dingen an Eltern. Man nennt es Instinkt, und trotz allem, was ihn verwässern kann wie Überängstlichkeit und die Lektüre zu vieler dummer Bücher, plädiere ich weiter mit Nachdruck für ihn.

Höhepunkt der britischen Entwicklungstestreihe ist der Hörtest. An diesem sind die GF und eine Hörtestdame, im folgenden kurz HTD genannt, beteiligt. Sie kommen eventuell ins Haus. Die britische Mutter macht deswegen keinen großen Aufstand. Sie zieht nur das Fallgatter ein bißchen hoch und kettet ihre gefährlichen Tiere an. Gefordert ist die ungeteilte Aufmerksamkeit von Mutter und Kind.

Der Test beginnt. Dora sitzt mit dem Rücken zu ihrer Mutter auf deren Schoß. Direkt vor Dora sitzt die GF und beschäftigt sie mit einigen garstigen Rasseln sowie einem Vorkriegskuschelhäschen. Unterdessen schleicht die HTD im Raum herum und prüft Doras Hörvermögen, indem sie überraschende kleine Geräusche macht und ermittelt, ob Dora es merkt. Wenn Dora hauptsächlich daran interessiert scheint, vor dem grausigen Häschen zu fliehen, ist mit ihren Ohren nichts verkehrt. Dann hat sie nur schon in jungen Jahren ein gesundes Urteilsvermögen.

Eines Tages wird Ihre Tochter erkranken. Normalerweise an dem Abend, bevor Sie sie zum ersten Mal allein lassen. Sie werden es persönlich nehmen. Und das sollen Sie auch. Ihre Tochter hat nämlich keinen Bazillus eingefangen, sondern die flattrige Ausstrahlung Ihres Selbstzweifels. Wenn Sie beide über diese Brücke gegangen sind, kann sich die Kleine beruhigen und richtige Krankheiten kriegen.

Damit komme ich zum Onkel Doktor. Viele Menschen meinen, der beste für ein Kind sei eine Tante Doktor, die selbst Kleinkinder hat. Ich bin da nicht so sicher. Kaum eine ist eine souveräne Lichtgestalt aus dem Kino. Die meisten sind so neurotisch und ratlos wie wir alle. Wenn sie Kleinkinder hat, wird ihre Urteilskraft durch Schlafmangel beeinträchtigt sein, und wenn sie keine hat, wird sie befürchten, sich bei Ihrem Kind anzustecken. Ich habe eine Vorliebe für den freundlichen, ein bißchen zerstreuten älteren Arzt. Er stirbt lieber, als daß er unnötig eingreift, und hat fröhliche Sprüche wie »Im Handumdrehen bist du wieder gesund« und »Mama weiß schon, was gut für dich ist« auf den Lippen. Auch ist ihm bekannt, daß die meisten Beschwerden, die Kinder plagen, recht positiv auf die Finger-weg-Therapie ansprechen.

Kranke Kinder haben gewöhnlich Ausschlag, übergeben sich oder sind schlichtweg unerträglich.

Erst zum Ausschlag. Alle Neugeborenen bekommen irgendwann einen im Gesicht. Das ist ihre Art, gegen den prekären Zustand zu protestieren, in dem sich die Welt befindet. Ziehen Sie ihrer Tochter etwas Sauberes an und versuchen Sie, sie trotzdem zu lieben.

Manchmal bekommen Neugeborene auch einen wunden Po. Das ist, wie Sie vielleicht schon entdeckt haben, ein Zeichen von chronischer Vernachlässigung und Schludrigkeit, und so hoffe ich, daß Sie sich sehr schämen. Die beste Kur ist frische Luft. Den ganzen Vormittag im Garten. Ohne Windel. Und während Ihre Tochter – hoffentlich – reine Luft atmet, können Sie Ursachenforschung betreiben. Nehmen Sie zuviel Waschmittel? Oder liegt es vielleicht an der Emulsion, mit der Sie Ihre Kleine eingekleistert haben, damit sie nicht wund wird? Wenn Sie's rausgekriegt haben, können Sie sich zu ihr in den Garten setzen und sehen, wie *Ihnen* die frische Luft bekommt.

Dann gibt es den Protestausschlag. Er wird gewöhnlich durch zu viele Sachen am Leib oder alberne Gewänder wie Taufkleidchen hervorgerufen. Wenn *Sie* jemand in drei Lagen echter Nylonspitze einknöpfen würde und Sie stundenlang auf Ihren Tee warten ließe – würden Sie dann nicht zu irgendeiner Verzweiflungstat schreiten? Okay, das Kleidchen ist ein Familienerbstück. In diesem Fall können Sie sich damit trösten, daß der Ausschlag Ihrer Tochter eine makellose Herkunft hat.

Nun spezifische mit Ausschlag verbundene Krankheiten.

Bei Röteln treten rote Flecken und grippeähnliche Symptome auf. Röteln sind von kurzer Dauer, aber es ist nicht möglich, sie durch bloßen Augenschein zu diagnostizieren, also versuchen Sie's gar nicht erst.

Bei Windpocken ist es einfacher. Die Flecke sehen wie kleine Blasen aus und jucken. Oh, und wie sie jucken! Sie werden vor allem wissen wollen, wann Windpocken nicht mehr ansteckend sind. Manche Leute behaupten, wenn der letzte Schorf ab ist. Andere sagen, wenn ein einbeiniger weißer Fischadler Ihren Weg kreuzt. Ich persönlich habe immer gefunden, daß die Zeit dann gekommen war, wenn ich dermaßen nach der Gesellschaft anderer müder, käsiger Mütter lechzte, daß es mir piepegal war, ob sich ihre Kinder infizierten oder nicht.

Bei Masern treten rote Flecken auf, die sich ausbreiten und zusammenfließen. Masern sind außerdem mit schwerer Erkältung, trockenem Husten und Sich-scheußlich-Fühlen verbunden. Manche Kinder bekommen sie, obwohl sie dagegen geimpft sind, was Ihren Arzt vielleicht interessiert. Oder auch nicht.

Befindlichkeitsstörungen mit Erbrechen sind bei Kindern sehr häufig, besonders wenn sie aus sehr reinlicher Familie stammen. Die Beschwerden gehen meist schnell vorbei, es sei denn, Sie haben sich auf einen Vierzehntageurlaub in Tunesien versteift. In diesem Fall kann ich nur sagen: Geschieht Ihnen recht. Und schlagen Sie gleich das Kapitel ›Die schönste Zeit im Jahr‹ auf.

Ein Kind, dem speiübel ist oder das Durchfall hat, möchte nur ganz still in der Nähe eines Eimers liegen. Richtet Ihre Tochter eine Schweinerei auf ihrem Yogi-Bär-Nachthemd an, so wird sie sich aufregen, und wenn sie sich aufregt, müssen Sie's nicht auch noch tun. Sie müssen nicht weinen, weil Sie's mit dem Schwamm nicht aus dem Teppich kriegen oder weil Ihnen blümerant ist, wenn Sie die unverdauten Bröckchen in den Abfluß bohren. Sie sind die einzige Erwachsene weit und breit, und dementsprechend sollten Sie sich verhalten. Lächeln Sie und lassen Sie Ihre Tochter in Frieden. Keine feste Nahrung. Auch keine Milch. Keine Medikamente, die stopfen. Verdorbene Mägen kurieren sich normalerweise von selbst, und Sie können Ihrer Tochter nur insofern helfen, als Sie einen Teil der verlorenen Körperflüssigkeit wieder ersetzen. Wasser oder Zitronenlimonade genügen.

Wie Erwachsene leiden auch Kinder an einem Vielerlei von Symptomen, für die Viren verantwortlich gemacht werden. Auch die heilen meistens von selbst aus, und es ist am besten, Sie stehen das durch und lassen Ihrem Arzt Zeit, sich um die Leute zu kümmern, die ihn wirklich brauchen. Virusinfektionen können unter anderem zur Folge haben, daß die Temperatur steigt, und manche Eltern sind dann sehr besorgt. Rasen Sie nicht los, um ein Thermometer zu kaufen. Wo wollen Sie's denn unterbringen bei einer unkooperativen Zweijährigen? Es gibt etwas Fabelhaftes, das Sie ihr auf die Stirn legen können und das Ihnen sofort verrät, ob die Temperatur zu hoch ist oder nicht. Es besteht keine Gefahr von Glasbruch, Quecksilbervergiftung und Fehlablesung, weil das Gerät von einem astigmatischen Trottel konstruiert wurde. Dieses fabelhafte Ding heißt *Hand*.

Und wenn sich Ihre Tochter nun zu heiß anfühlt? Dann bedeutet das, daß ihr Körper zu genesen versucht. Ich würde das für ein gutes Zeichen halten. Einige wenige Kinder leiden bei Fieber an Schüttelfrost. Gehört Ihre Tochter zu ihnen, so mögen Sie es tröstlich finden, wenn Ihr Arzt vorbeischaut, die Schlafanzughose vorlugend unter der für den Tag (dergleichen passiert immer um 4 Uhr morgens), aber er wird nicht viel machen können. Außer Ihnen zu sagen: Das wächst sich aus.

Ein anderer Zug dieser vagen Krankheiten, die dann und wann grassieren, ist der, daß sie beim Leidenden den Wunsch erwecken, absolut nichts zu tun. Bekommt Ihre Tochter eine solche, so empfehle ich Ihnen, sie in den Raum neben Ihrem Schlafzimmer zu legen. Wenn ihr Bett weiter weg ist, wird sie eine winselnde Nervensäge sein und sich Sachen ausdenken, die sie eigentlich gar nicht will und die Sie ihr trotzdem bringen dürfen. Im Raum nebenan ist sie mit ziemlicher Sicherheit weniger fordernd, weil sie weiß, daß Sie in der Nähe sind. Sie wird den größten Teil des Tages dösen, und wenn sie wach ist, wird sie geistig um mindestens ein Jahr regrediert sein.

Tun Sie die Leselernkarten weg, bis sie wieder auf den Beinen ist. Besser noch: Tun Sie die Leselernkarten für immer weg. Ihre Tochter wird ein Kinderprogramm sehen wollen und viel schmusen mögen. Geben Sie ihr Filzstifte (ökologische natürlich) zum Zeitvertreib und lassen Sie sie ruhig alle Kappen verschlampen.

Dann gibt es noch die laufenden Reparaturen. Mit einem großen Pflastervorrat zu Hause können Sie eine Menge anfangen. Kinder lieben Pflaster. Sie quengeln endlos danach und pulen sie ab, sobald sie drauf sind. Natürlich können Sie Ihren Kindern sagen, daß kleine Wunden an der Luft viel schneller heilen, was völlig richtig ist. Sie können aber auch nachgeben und weiterkleben. Sie können sogar Gesichter auf die Pflaster malen, um ihnen längere Lebensdauer zu verleihen. Das hängt davon ab, wieviel Geduld Sie haben und wie oft Sie bereit sind, Ihr Arzneischränkchen wiederaufzufüllen. Sofern Sie eines haben. Wenn ich eines hätte, würde ich eine große Flasche Hamamelis reinstellen. Das ist ein Präparat aus Zaubernuß, kostet nicht viel, hat einen schön rätselhaften Namen und hilft bei Kratzern, Schrammen und fettiger Halbwüchsigenhaut. Und falls – wie bei uns – diese Flasche immer leer ist, können Sie eine veritable Stoikerfamilie heranziehen, indem Sie allen sagen: Kopf hoch und durch.

Was zu groß für ein Pflaster und einen Kuß ist, wird Sie wahrscheinlich wieder in Kontakt mit den Profis bringen. Es gibt leider nichts Besseres zur Umerziehung von Eltern als eine Notaufnahme oder eine Unfallstation. Sollten Sie mit Ihrem Kind in einer landen, so werden Sie voll beunruhigter Dankbarkeit für jeden sein, von der netten Krankenschwester bis zum Chirurgen mit der gepunkteten Fliege. Sie werden sich als totale Versagerin oder totaler Versager fühlen und mit dem festen Entschluß nach Hause zurückkehren, die Welt zu einem sichereren Ort für *alle* Kinder zu machen. Wenn Sie dort sind, müssen Sie sich vielleicht von Ihrer aufgestauten Angst befreien, indem Sie Ihrem kleinen Engel eins draufgeben. Und in strikter Übereinstimmung mit dem Gesetz des dummen Zufalls wird dies, jedenfalls in Großbritannien, der Moment sein, in dem die GF vorbeischaut, um zu sehen, wie es so geht und steht.

Bei Ihnen in Deutschland ist manches anders. Neun Untersuchungen sollen das Kind durch die Kindheit begleiten. Fünf davon fallen ins erste Lebensjahr. Die Untersuchungen werden von niedergelassenen Ärzten vorgenommen. Mutter und Kind haben einen Anspruch darauf, sind aber nicht zum Mitmachen verpflichtet. Es gibt keine obligatorischen Impfungen. Und keine GF. Sie wird jedoch, wie mir Gewährsleute versichern, fast vollständig durch Verwandte ersetzt.

Disziplin ist heutzutage ein Schreckenswort. Es riecht nach halben Rationen, kalter Dusche und der neunschwänzigen Katze. Für all das bin ich unbedingt, denn die Welt füllt sich mit einer Sorte von ungebärdigen jungen Leuten, wie sie's noch nie gesehen hat, und wenn wir uns retten wollen, müssen wir rasch handeln.

Verfallen Sie nicht dem Irrglauben, daß junge Leute *immer* unerträglich waren. Früher hielt sich ihre Garstigkeit in Grenzen. Rachitis, Cholera und die Arbeitsbedingungen in der Fabrik bremsten sie ein gutes Stück vor der totalen Anarchie. Nachdem sie bei Tagesanbruch geweckt und für einen Napf Haferschleim gründlich versohlt worden waren sowie eine Stunde Schlange gestanden hatten, um das Etagenklo zu benutzen, hatten sie nicht mehr die Energie, alte Menschen zu überfallen und sich gegen jede Art von Erziehung zu sträuben. Das Leben war ein Mosaik aus kalten Zimmern, flachsigem Hammelfleisch und brutaler Erwachsenengewalt.

Um 1946 kam es dann zu einem großen Gesinnungswandel. Ich werde mich nicht über die Auswirkungen des Orangensafts verbreiten, den die Wohlfahrt damals bei uns kostenlos an Kinder verteilte, weil das lange her ist. Diese Kinder sind inzwischen einige Jahre über die Adoleszenz hinaus und streben der Menopause entgegen. Aber der Gratisorangensaft ist ein aussagestarkes Symbol. Er bezeichnet einen gesellschaftlichen Umbruch, kraft dessen das Kind vom verachteten Ärgernis zum gefürchteten und gehätschelten Schoßhund wurde. Wir ertragen Kinder nicht mehr, sondern ermutigen sie dazu, Vielkonsumenten und Richter über Geschmack und Anstand zu sein. In den achtziger Jahren war es schon bedenklich, einem Kind etwas abzuschlagen.

Wenn Sie keine Erfahrung mit Kindern haben, fällt Ihnen vielleicht als erstes ihre Größe auf. Richtige Kolosse. Ich führe das auf die Zentralheizung zurück. Und auf Backofenfritten. Jungen und Mädchen sind gleichermaßen langwüchsig. Und das macht es schwierig für den Durchschnittselternteil, der den ganzen Tag an den Schreibtisch gefesselt ist, und am Abend Diät hält, die Oberhand zu gewinnen.

Wie schafft man es also? Indem man früh anfängt. Wenn wir unsere karge Rente ohne Angst vor bewaffnetem Raub verbrauchen wollen, müssen wir die nächste Generation zum Gehorsam zwingen, bevor sie den Windeln entwachsen ist. Ich hoffe, daß ich Sie zu Beginn der Elternschaft erreiche. Es gibt keine bessere Zeit, Sie vorzuwarnen. Ihr Sohn mag heute noch ein warmer, wunderbarer Armvoll sein, aber in ein, zwei Jahren wird er sich ändern. Und weil Sie in ihn verliebt sind, lassen Sie sich vielleicht zu der falschen Vorstellung verleiten, er verkörpere die aufgeweckte, freie Jugend und nur die anderen seien auf dem Weg zum Ruin.

Am Anfang ist nicht mehr nötig als ein kleines bißchen Aufmerksamkeit. Ein Neugeborenes brauchen Sie nicht zu disziplinieren. Legen Sie lieber die Beine hoch und schonen Sie Ihre Kräfte für die ohrenbetäubenden Kämpfe, die später kommen. Ich weiß schon, was Sie denken. Und das ganze Gebrüll? Wenn unser Sohn schreit und wir zu ihm rennen, um zu sehen, was ist, lernt er da nicht, daß er mit Gebrüll seinen Willen durchsetzen kann? Wird er uns nicht ewig auf der Nase rumtanzen? Sind wir dann nicht das Spielzeug eines listigen, manipulationssüchtigen Tyrannen? Nein. Ich darf Sie daran erinnern, wie ein Baby funktioniert.

Es ist jedem auf Gedeih und Verderb ausgeliefert. Versetzen Sie sich mal in seine Lage. Es ist unfähig, sich frei zu bewegen und sich verständlich zu machen. Wenn Sie gesund sind, können Sie sich selbst um Ihre Bedürfnisse kümmern. Wenn Sie Durst haben, können Sie ins El Vino gehen und ihn stillen. Wenn Sie ein Rumoren in den

Eingeweiden spüren, können Sie der Zentrale sagen, Sie hätten eine wichtige Sitzung, und anschließend verschwinden Sie für eine halbe Stunde mit der Tageszeitung. Ihr Baby kann nur schreien. Dieses Spiel nennt sich Kommunikation, und wenn Sie jedesmal nachschauen gehen, sobald Ihr Sohn seinen Mund aufmacht, läuft es gut.

Manipulation und Tyrannei kommen später. Hören Sie gut auf den Instinkt, während Vlad der Pfähler noch winzig und verletzlich ist, so wird Sie dieser Instinkt auf jede Veränderung hinweisen, und wenn Vlad zum erstenmal übertriebene Forderungen stellt, *spüren* Sie's.

Sobald das passiert, müssen Sie die Disziplin bereithalten und sich auf etwas Schwieriges gefaßt machen. Sie haben es mit einem sehr kleinen Kind zu tun. Deshalb sollten Sie's einfach halten mit der Disziplin. In dieser Phase helfen nur klare und strenge Vorschriften. Es hat keinen Sinn, sie zu verwässern oder mit einem Zweijährigen darüber zu diskutieren, denn Sie sind schon etwas länger auf der Welt als er, Sie sind größer als er, und er kann sich ohnehin noch nicht so klar ausdrücken, daß es für ein Wortgefecht reicht.

Bei Ihrer ersten Auseinandersetzung wird es gewöhnlich um irgendwelchen popligen materiellen Besitz gehen, den er kaputtmachen will und den Sie sich bewahren möchten. Stereoanlagen sind sehr beliebt. Ebenso Videorecorder. Sie ziehen den eben mobil gewordenen kleinen Menschen geradezu magisch an.

Manche Leute packen alles in Pappkartons, sobald sie wissen, daß Nachwuchs unterwegs ist, und richten sich darauf ein, es auf dem Speicher zu lassen, bis Vlad von zu Hause auszieht. Sie finden es unfair, von einem Kind Verständnis zu erwarten. Ich bin anderer Meinung. Kinder können nicht erwarten, daß Erwachsene jahrelang auf Geräte und Knöpfe und Schalter verzichten. Wie wär's mit einem bißchen Verständnis für die Älteren? Wir quetschen uns Tag für Tag in Züge, in denen ansteckende Krankheiten lauern. Wir finden uns mit Schweißgeruch, der Inflationsrate und der bitteren Notwendigkeit ab, unsere Brötchen verdienen zu müssen. Soll uns die Freude verwehrt bleiben, mit *unserem* Spielzeug zu spielen? Müssen wir wirklich ohne Unterhaltungselektronik leben, weil Vlad nicht die Finger von ihr lassen kann? Keineswegs. Sie brauchen nur ein paar Vorschriften in bezug auf Knöpfe. Nehmen Sie Vlad beiseite und sagen Sie ihm, was er nicht anfassen darf. Und wenn Sie schon dabei sind, sagen Sie ihm gleich, was passiert, wenn er's doch tut.

Als unsere Kinder noch sehr klein waren, konnten wir uns keine Stereoanlage leisten. Wir wechselten uns mit einem umgedrehten Becherglas an der Wand zur Nachbarwohnung ab und waren dankbar dafür, daß wir eine Wäschemangel hatten, die gut funktionierte. Später kratzten wir ein paar Mäuse zusammen und gingen in die vollen. Und da mußten es die Kinder lernen. Wenn sie auch nur auf die Knöpfe *hauchten,* setzte es was. Und es klappte. Die einzigen Probleme, die wir mit den Drehdingern hatten, waren die Kinder anderer Leute und Erwachsene, die behaupteten, wir seien nicht richtig eingestellt. Aber das ist eine andere Geschichte.

Es gibt viele Methoden, Kinder zur Räson zu bringen. Einige, wie körperliche Gewalt und wilde Verfolgungsjagden, sind für sämtliche Betroffenen mit Würdeverlust verbunden. Darauf würde ich nur zurückgreifen, wenn alle Stricke reißen. Versuchen Sie's erst mit etwas weniger Anstrengendem.

Sie *können* ein Kind nur mit Ihrer Stimme und Ihrem Blick disziplinieren. Wenn Sie oft genug üben, wird das Kind schließlich so sensibel, daß es auch ohne Stimme geht – allein mit dem Blick. Aber darauf müssen Sie sich vorbereiten.

Setzen Sie sich vor den Spiegel und schauen Sie sich in die Augen. Sagen Sie: »Ich wiege hundertzwanzig Pfund, verdiene über fünfzigtausend brutto im Jahr, und ich *kann* das.« Werden Sie nicht kopfscheu und sehen Sie nicht weg, wenn Sie *kann* sagen. Legen Sie Nachdruck in Ihre Stimme. Na, und wie hört sich's an? Klingt es so, als würden Sie Tacheles reden? Macht es sich auf der Richter-Skala bemerkbar? Feigheit schnürt die Kehle zu, mangelnde Entschlußkraft ebenfalls. Ihre Stimme muß von ganz unten kommen, von den Füßen. Sie muß als Grummeln in dem Terrain beginnen, das Sie halten wollen, und sie braucht auf dem Weg nach oben Hilfe durch eine geweitete Brust und eine entspannte Kehle. Sie werden feststellen, daß Halsbonbons und der unerschütterliche Glaube, moralisch im Recht zu sein, dabei förderlich sind. Wenn die menschliche Stimme so gebraucht wird, kann sie ein Kind jählings stoppen.

Ich möchte nichts von Ihrem gereizten Blinddarm oder Ihrer nervösen Disposition hören. Sie können nicht wackliger sein als ich am Anfang, und wenn Sie's mit den Nerven haben, hätten Sie keine Kinder bekommen sollen. Üben Sie unverdrossen.

Lauthals schreien ist ganz schön in der Abgeschiedenheit Ihres Heims mit den doppelt verglasten Fenstern in der Einsamkeit der Hügel, aber auf dem Weg durchs Einkaufszentrum am Samstagvormittag sind Sie mit etwas Subtilerem vielleicht glücklicher. Niemand verliert gern sein Gesicht vor Publikum, und nimmt man es mit einem bockigen Kind auf, so ist das eine von den Situationen, die in Sekundenschnelle wahre Menschenmassen anlokken. Dieselben situationslüsternen Leute haben Sie am Hals, wenn Sie in einer Blutlache liegen, öffentlich niederkommen oder sich über minderwertige Ware beschweren. Ich habe schon bei vielen Gelegenheiten gesehen, wie ein Elternteil mutig anfing und dann zurücksteckte, weil das Scheinwerferlicht zu grell wurde. In dieser Zeit der Narrenfreiheit für Kinder wird sich niemand hinter Sie stellen oder Ihnen anbieten, Vlad festzuhalten, während Sie zielen. Außer mir – und ich kann nicht überall sein.

Sie brauchen etwas Unauffälliges. Eine leise, aber wirksame Methode, um Ihrem Sohn mitzuteilen, daß er's den Rest der Woche bereuen wird, wenn er nicht tut, was Sie ihm sagen. Hier kommt der Blick ins Spiel. Sie müssen lernen, ihn beredt zu machen. Es mag nicht die feine englische Art sein, aber was hilft's? Zurück vor den Spiegel.

Halten Sie Ihr Gesicht direkt davor, kneifen Sie die Augen zusammen und denken Sie *Power.* Atmen Sie tief ein und lassen Sie sie kommen. Denken Sie an die frustrierendsten Momente in Ihrem Leben. Durchleben Sie noch einmal Ihre schlimmsten Demütigungen durch Frauen mit ochsenblutrot lackierten Fingernägeln. Und jetzt schreiben Sie die Geschichte um. Spielen Sie die Rolle der Siegerin und lassen Sie den Triumph in Ihren Augen aufleuchten. Dafür sind Kinder sehr empfänglich. Wenn Sie's bei einem Erwachsenen ausprobieren, der oft mitgekriegt hat, wie Sie zauderten und schwankten, fragt er Sie wahrscheinlich, was für ein Wundermittel Sie schlucken. Aber ein Kind wird einfach zusammenfahren.

Sie können nur mit dem Blick arbeiten oder die ruhige, entschlossene Stimme und den festen Griff ums Handgelenk dazunehmen. Das liegt ganz bei Ihnen. Nur müssen Sie an das, was Sie tun, auch glauben. Ich habe damit schon phantastische Ergebnisse bei wildfremden Kindern erzielt. Vielleicht lag's an meiner Knoblauchfahne. Aber ich glaube eher, es war der Schock, von einer Erwachsenen mit irrem Blick eindringlich angesprochen zu werden. Die Mechanik dahinter ist egal. Vlad darf bloß keinen Zweifel daran haben, daß ihn der Blitz trifft, wenn er auch nur eine halbe Minute so weitermacht.

Wie gut sind Sie mit Blitzen ausgestattet? Ich genausowenig. Sie scheinen den Weg der altmodischen Abführmittel und des Grießflammeris gegangen zu sein. Und jetzt muß ich wohl klarstellen, daß ich nicht für die Wiedereinführung des Rohrstocks und der Geißel plädiere. Wer's tut, mag seine Gründe haben. Wenn solche Leute nicht mit einem Sackvoll Accessoires bei mir zum

Abendessen erscheinen, verliere ich kein Wort darüber. Allerdings finde ich, daß die zusammengerollte Programmzeitschrift in traurige Vergessenheit geraten ist. Sie war dezent, leicht aufzubewahren, ohne großen finanziellen Aufwand zu ersetzen und konkurrenzlos, was so manche unerfreuliche Arbeit im Haus anging. Gleichermaßen geeignet, wenn Sie Hündchen strafen, Wespen plätten und Kindern einen Klaps geben wollen, *und* Sie erfahren aus ihr, was im Fernsehen kommt. Sofern es je ein Vademekum für Eltern gab – das ist es. Auf dem Oberschenkel eines Vierjährigen, der sich nicht benehmen will, zur Anwendung gebracht, wird die Programmzeitschrift vorübergehende Röte und einen taktischen Rückzug bewirken.

Sie dürfen sich notfalls auch nicht scheuen, mit Ihren Sprößlingen handgemein zu werden. Ein Kampf auf dem Wohnzimmerteppich kann Ihnen tausend Worte ersparen. Wählen Sie etwas, das Ihrem Stil entspricht. Ich beherrsche keine Preisringergriffe, aber ich bin sehr gut darin, die Junioren auf dem Rücken festzupinnen, bis sie aufgeben. Sie sollten mich mal sehen, wenn ich die Mutter von vier Kindern darstelle, mit der man's zu weit getrieben hat und die jetzt außer Rand und Band gerät!

Es auf der Matte auszutragen hat den Vorteil, daß es im Nu die Atmosphäre reinigt. Alles weniger Unmittelbare muß gründlich durchdacht werden. Ist die Angst vorm Gesichtsverlust schon tödlich für die Disziplin in der Öffentlichkeit, so macht das Unvermögen, etwas durchzuhalten, ihr auch zu Hause den Garaus. Wenn Sie Vlad früh ins Bett stecken, bestehen Sie dann darauf, daß er bis zum Morgen dort bleibt? Wenn Sie »Kein Fernsehen« sagen, schicken Sie ihn dann während des Tennisfinales am Nachmittag aus dem Zimmer? Sind mit »Keine Süßigkeiten« auch die gemeint, die Oma den weiten Weg mitgebracht hat? Und bleibt es dabei, daß Sie eine Stunde lang nicht mit Vlad sprechen, wenn er sich an Ihrem Bein festklammert und Ihnen sagt, daß er dicke Frauen am allerliebsten mag? Am schlimmsten aber: Machen Sie sich einer leeren Drohung schuldig? Hier ein Beispiel.

Mutter: Laß das jetzt und komm sofort hierher.
Vlad: Äääħjonngg ...
Mutter: Wenn du jetzt nicht sofort aufhörst und hierherkommst, kracht's im Karton.
Vlad: Biihwusch. Quietsch! Kreisch! Äääħjonngg ...
Mutter: Ich zähl bis fünf.
Vlad: Wihjammmm. Ooooohwenngg! Brmbrmbrmbrmbrmbrm.
Mutter: Eins ... zwei ... drei ... vier ... viereinhalb ... vierdreiviertel ...
Die Zeit steht still. Vlad macht weiter, bis er alle Rennfahrgeräusche, die ihm einfallen, ausprobiert hat und das Bedürfnis empfindet, sich schweigend hinzusetzen.
Mutter: So ist's besser. Jetzt sei ein lieber Junge, und dann schauen wir mal, ob wir nachher noch bei dem Café vorbeikommen, wo es das gute Eis gibt.

Wie wenig ernst eine leere Drohung zu nehmen ist, riechen Kinder ein paar Meilen gegen den Wind. Sie wissen, daß der Countdown nie bis fünf gehen und der Mann mit dem großen Stock nie erscheinen wird.

Bei uns zu Hause gibt es jemanden, der leere Drohungen ausstößt. Ich sage nicht, wer. Ich verrate nur soviel: Während der eine von uns behauptet, er werde den Missetäter, der Tisch und Wände beschmiert, *hundert Jahre* in seinem Zimmer einsperren, greift die andere zur zusammengerollten Programmzeitschrift und verfährt summarisch mit allen, die sie beim Kichern ertappt.

Das ist natürlich sinnlos. Sie müssen ankündigen, was Sie tun werden, und dann müssen Sie's tun.

Mit Familienstreitigkeiten läßt sich so verfahren wie mit anderen Streitigkeiten auch. Sie können sich alle zum Familienrat zusammensetzen und es ausdiskutieren. Jeder kann seinen Standpunkt darlegen, jeder andere kann sagen, wie verkehrt das ist, und dann kann die Sitzung vertagt werden, bis ein besseres Angebot auf den Tisch kommt. Der Familienrat ist eine exzellente Einführung in die Grundzüge der Demokratie. Die Frustration dabei, die Zeit und Energie, die durch die vielen müßigen Wiederholungen verbraucht werden – das zeigt die Risse im Gebälk besser als jeder Sozialkundeunterricht. Der Familienrat hat für mich außerdem etwas bestätigt, das ich schon vor Jahren vermutet habe: Daß wir alle heimliche Tyrannen sind.

Am leichtesten lassen sich Streitigkeiten zwischen Kindern beilegen. Das Kräftegleichgewicht zwischen Brüdern und Schwestern ist sehr unbeständig. Sie wissen nie genau, wie es verteilt ist. Größe und Alter haben kaum Einfluß darauf, und Sie werden feststellen, daß *jedes* Ihrer Kinder zu miesem, skrupellosem Verhalten fähig ist. Die schnellste Lösung besteht für die Junioren darin, sich gegen einen gemeinsamen Feind zu verbünden. Also gegen Sie.

Geben Sie etwas Unfaires und Überhebliches von sich, das beide Kinder betrifft, und überlassen Sie ihnen den Rest. Es funktioniert traumhaft. Wenn sie im Telefonbuch die Nummer des nächsten Seniorenheims nachschlagen und ihre Chancen abwägen, mit einer Meuterei Erfolg zu haben, sind ihre Differenzen vergessen. Je größer die Familie, desto besser klappt's. Und es ist wunderbar befriedigend, solche Solidarität zu sehen. Es läßt Sie hoffen, daß sich Ihre Kinder immer noch um einander kümmern werden, wenn Sie sich auf Ihren Altersruhesitz an der Costa del Sol zurückgezogen haben.

Aber natürlich finden die meisten Auseinandersetzungen in der Familie nicht zwischen Kindern statt. Häufiger sind Unstimmigkeiten hinsichtlich der Art, auf die sich ein Kind betragen möchte, und der Weise, wie die Dinge nach Meinung irgendeines schäbigen Erwachsenen sein sollen. Einiges hat das Zeug zum Dauerbrenner. Wie die Eigentümlichkeit, nie aufzuräumen. Anderes ist eher sporadisch. Wie Fluchen und Kraftausdrücke.

Manche Eltern behandeln alles gleich. Sie schreien und machen ein Riesentheater. Oder hauchen mit sehr müder Stimme: »Mal sehen, was deine Mutter dazu sagt, wenn sie nach Hause kommt.«

Ich glaube, es ist hilfreich, wenn Sie die Steine des Anstoßes nach Kategorien ordnen. Ein Volltreffer ins Gewächshaus nebenan kommt nicht alle Tage vor. Auf der Treppe vergessene Rollschuhe und eine nicht betätigte Toilettenspülung – das *kommt* alle Tage vor. Hier handelt es sich um chronische Probleme, und die sind nur durch Umerziehung zu lösen. Wenn Sie einen Koller kriegen, vermindert das vielleicht den Druck hinter Ihren Augäpfeln, aber es verhindert nicht, daß sich der Vorfall wiederholt. Darum müssen Sie Ihre Kinder neu programmieren.

Und nun ist meinerseits ein Geständnis fällig. Ich habe viel Ahnung von der Theorie der Umerziehung, aber sehr wenig Praxis. Ich bin oft zu nachsichtig und fast immer zu müde, um den Plan konsequent in die Tat umzusetzen. Ich platze bloß einmal im Monat, und dann werden alle sehr leise und machen Anspielungen auf meinen Hormonhaushalt. Aber ich habe gesehen, wie tüchtigere Eltern als ich schlechte Angewohnheiten im Keim erstikken: Sie führen einen Präventivschlag.

Statt auf den Sündenfall zu warten, handeln sie, während ihr Sohn noch an etwas anderes denkt. Wenn sie der Unsitte ein Ende machen wollen, daß Anoraks, Mäntel und Jacken einen Meter hinter der Wohnungstür fallen gelassen werden, legen Sie sich auf die Lauer, bis der Übeltäter eintrifft, und greifen ihn sich, bevor er den ersten Knopf aufmacht. Dann geleiten Sie ihn Schritt für Schritt auf das erwünschte Verhalten zu. Sie marschieren mit ihm an seinem Lieblingsabladeplatz vorbei zur Garderobe. Ehe er dort ist, darf er nicht einen Knopf berühren. Wenn er dann seinen Mantel und seinen Schal aufgehängt hat, belohnen Sie ihn mit einem freundlichen Lächeln und bieten ihm eine Tasse Tee an. Am nächsten Tag exerzieren Sie das Ganze noch mal durch. Und so lernt er das Mantelaufhängen auf dieselbe Weise, wie er gelernt hat, über die Straße zu gehen und mit Messer und Gabel zu essen. Indem er's Tag für Tag richtig übt. Das kostet Zeit, aber es funktioniert und beugt elterlichen Kopfschmerzen vor.

Sporadische Probleme wie Fluchen, Sachen kaputtmachen und drohen, von zu Hause wegzulaufen, können Sie nur aus der Welt schaffen, wenn sie auftauchen. Es läßt sich nicht vorausplanen. Wäre das möglich, so könnten Sie jetzt behaupten, Ihre Reaktion darauf, daß Ihr Kind etwas kaputtmacht, werde davon abhängen, ob es auf unbedachten Umgang mit altem Plunder oder ein finsteres Komplott zur Demolierung des ganzen Hauses zurückzuführen sei. Statt dessen werden Sie feststellen, daß es gerade die angeschlagene Tasse ist, die das Faß zum Überlaufen bringt.

Ich weiß schon, jedem passiert mal ein Malheur. Ich weiß auch, materieller Besitz ist eine demütigende Obsession für eine Frau, die mit guter Gesundheit gesegnet ist. Und trotzdem hocke ich gelegentlich auf dem Küchenboden und schreie: »Wie kommt's, daß ihr jeden Aufkleber kriegt, den ihr wollt, und ich seit sieben Jahren auf ein neues Sahnekännchen warte?«

Ist der Schaden gering und konnte er im Grunde nicht vermieden werden, so tun Sie sich einen großen Gefallen, wenn Sie ihn stumm mit Schaufel und Besen beseitigen und keine Affäre daraus machen. Es wird Ihre Position entschieden stärken, wenn Sie erst bei etwas Wesentlichem durchdrehen und das Taschengeld kürzen, bis der Schaden behoben ist.

Von zu Hause weglaufen ist ein heikleres Problem. Am meisten bekümmert mich, daß kein Mensch je versucht, *mich* davon abzuhalten. Wenn die Kinder mit vorzeitigem Auszug drohen, lassen wir sie unbehelligt packen. Es ist so interessant zu sehen, ohne welche Schätze sie nicht leben zu können glauben. Und wie ähnlich sie den Dingen sind, die ich 1959 mit nach Wales schleppen wollte (die gesammelten Werke meiner Lieblingsschriftstellerin, einen Brocken Lava vom Ätna, mein Postsparbuch und – schweren Herzens – ein Foto von den Leuten, die mich früher mal gemocht und verstanden hatten).

Haben die Kinder gepackt, so bitten wir sie auf ein Wort über ihre Reisevorkehrungen zu uns und sagen ihnen, daß es uns wirklich freuen würde, wenn sie sich's noch mal überlegten – obwohl einer von uns vor knapp einer Stunde verkündet hat, sie sollten verschwinden und sich ja nicht mehr bei uns blicken lassen.

Was mich wieder auf Erwachsene bringt. Und auf Inkonsequenz. Bevor wir Kinder hatten, mochte ich Bücher, die einem wirklich Bescheid sagten. Bücher, in denen stand, daß Kinder Vorschriften brauchen. Klare, vernünftige Vorschriften, die stets zu befolgen sind. Ohne Ausrede. Und ohne Ausnahme.

Inzwischen bin ich nicht mehr so auf Vorschriften versessen. Ich habe herausgefunden, daß sie – außer für die ganz Kleinen und die sehr Ängstlichen – einfach lästig sind. Sie wurden mir in peinlichen Momenten vorgehalten. Ich wurde in die Ecke getrieben. Und da stand ich und versuchte, im Hier und Jetzt mit den Dingen umzugehen. Wir haben die meisten Vorschriften ausrangiert.

Damit schufen wir Platz für Willkürentscheidungen, Irrationalität und unfaires Verhalten. Und plötzlich ging uns auf, was für einen phantastischen Vorgeschmack auf das Leben wir unseren Kindern boten. Wenn Sie Vlad vor seinem achtzehnten Geburtstag nichts von Halbwahrheiten, Regelverstößen und ausgekochter Bosheit erzählt haben, wird die Welt ein furchtbarer Schock für ihn sein. Haben Sie sich ein ganzes Buch voller Ge- und Verbote aufgehalst, so kann es Ihnen sehr schwerfallen, ein bißchen Laissez-faire zu üben, ohne wie ein vollendeter Trottel auszusehen. Wir Eltern brauchen einen gewissen Spielraum.

Fluchen ist ein gutes Beispiel für das, was ich meine.

Neben der Sechzigstundenwoche, der Abzahlung einer erdrückenden Hypothek und dem allgemeinen Raubbau an meinem Körper habe ich mich fürs Fluchen entschieden. Ich halte es für ein Erwachsenenprivileg. Meine Kinder sollen es also nicht tun. Sie wissen nicht, was die Wörter bedeuten, und ich mag das schiefe Licht nicht, in das ich gerückt werde, wenn sie sie gebrauchen. In diesem Punkt und in manch anderem bin ich eine schamlose Anhängerin der doppelten Moral.

Ein weiterer Haken an Vorschriften ist, daß diejenigen, die sie machen, sich einig sein oder zumindest so tun müssen. Wenn Sie zu den Paaren gehören, die im Prinzip immer übereinstimmen, ist es einfach. Sie müssen dann nur darauf hoffen, daß Ihre Kinder vor zwei Erwachsenen, die sich irren, doppelt soviel Respekt haben wie vor einem. Und wenn Sie beide nicht selbstsicher sind, ist es gewiß das beste, zusammenzuhalten. Im Dunkeln empfiehlt es sich immer, die Nähe von jemand Freundlichem zu suchen. Wenn aber frau meint, sie hätte die Lösung, und Sie genau wissen, daß Sie die Lösung haben, dann halte ich's für das Klügste, es zu sagen. Kinder durchschauen die Nummer mit den zusammengebissenen Zähnen und den unheildrohenden Blicken. Sagen Sie lieber: »Bei uns werden Spaghetti nur bei Tisch gegessen, aber da die Eishockeyweltmeisterschaft zu einer ungünstigen Zeit übertragen wird, ist euer Vater bereit, auf die Todesstrafe für Soßenflecke auf Dralon zu verzichten. Kleckert also ruhig auf seinen Teppich!«

Solche Situationen werden Ihre Kinder lehren, was sie über Disziplin wissen müssen. Daß Vorschriften immer dann auftauchen, wenn man sie am wenigsten braucht. Daß man alles, auch das Gebot »Du sollst nicht töten«, von zwei Seiten betrachten kann. Und daß Sie als Mutter oder Vater mit Ihrer tastenden Unsicherheit nur versuchen, aus Ihren Kindern Menschen zu machen, mit denen niemand allzu ungern im Aufzug steckenbliebe.

Die Proviantkolonne

Als frischgebackene Mutter brauchen Sie nicht gleich zur Proviantkolonne zu stoßen. Bis Ihre Tochter ungefähr sechs Monate alt ist, wird sie nur Milch wollen. Damit haben Sie Zeit für die Entscheidung, ob es Ihre Bestimmung ist, im Mannschaftsstand zu bleiben, oder ob Sie aus dem rechten Holz für die Offizierslaufbahn geschnitzt sind.

Lassen Sie sich erst ein wenig von Milch erzählen. Es gibt sie in Brüsten und Flaschen, und wenn Sie Brüste haben, haben Sie auch die Wahl. Sind Sie flach und tragen Sie Herrenunterhosen, so werden Sie sich mit Flaschen begnügen müssen. Sind Sie nur flach, so kann ich Ihnen versichern, daß sich etwas tun wird, wenn der Moment gekommen ist, also kaufen Sie sich einen BH Größe 75 B und warten Sie auf eine neue Erfahrung.

Für welche Methode, Milch in Ihr Baby zu kriegen, Sie sich auch entscheiden – wahrscheinlich haben Sie Fragen, und hier ist die erste goldene Regel. Fragen Sie niemals Experten. Und lesen Sie keine Bücher von Experten, es sei denn, sie sagen Ihnen auf der ersten Seite, daß sie das, wovon sie schreiben, tatsächlich selbst gemacht haben.

Über die Ernährung aus der Flasche kann ich Ihnen nichts erzählen, weil ich zu faul war, es zu versuchen, aber es gibt Tausende von Frauen, die es getan haben. Suchen Sie sich welche aus, die Ihnen sympathisch sind und mindestens ein Flaschenkind haben, und stellen Sie ihnen Ihre Fragen.

Vom Stillen dagegen kann ich Ihnen was erzählen. Es ist ganz einfach. Wenn Sie ihr Kind geboren haben, produziert Ihr Körper Milch, und Babys mögen deren Geschmack. Was noch verblüffender ist – je mehr Milch Ihr Baby trinkt, desto mehr produzieren Sie. Es ist die reinste Zauberei. Sie sollten aber wissen, daß Brustmilch nicht so aussieht wie das Erzeugnis, das Sie von der Molkerei bekommen. Im Vergleich damit sieht Brustmilch dünn und wäßrig aus, und gewisse Leute blicken Ihnen vielleicht über die Schulter und kommentieren das. Achten Sie nicht auf diese grobe Unverschämtheit und machen Sie unbeirrt weiter, es sei denn, Sie nährten ein schwarzbuntes Kalb – dann allerdings sollten Sie in Panik geraten.

Ich habe es bereits gesagt, aber ich sage es erneut, weil Sie's mir beim erstenmal nicht glauben wollten. Bis Ihre Tochter sechs Monate alt ist, braucht sie nur Milch. Wirklich. Sie kommt prächtig ohne Steaks und Blumenkohl-Fenchel-Gratin aus. In diesen sechs Monaten werden wohlmeinende Menschen immer wieder andeuten, es sei an der Zeit, daß Ihre Tochter das eine oder andere kleine Extra zu sich nimmt, aber sagen Sie jenen Menschen, sie sollten von Ihnen weichen, auch wenn Sie selbst darauf erpicht sind, zur nächsten Ernährungsphase überzugehen, denn daß irgend jemand Stillen langweilig findet, ist kein guter Grund, damit aufzuhören. Eltern tun vieles aus schierer Langeweile. »Unser Sohn braucht einen Babylaufstuhl«, sagen sie. Und meinen, daß langer Samstag ist, daß es Strippen regnet und daß sie Lust haben, ihre neue Kreditkarte auszuprobieren. Wechseln Sie die Farbe Ihres Lidschattens, wenn Sie sich langweilen, aber lassen Sie dem Kind seine Milch.

Und was ist mit Vitaminen? höre ich Sie fragen. Und mit Beriberi und Skorbut? Und der reduzierten Fruchtbarkeit bei der Ratte? Machen Sie sich keine Sorgen. Irgend jemand wird Sie mit Vitamintabletten eindecken, und dann ist es an Ihnen, sie in irgend etwas fallen zu lassen, zum Beispiel in ein Fläschchen mit abgekochtem Wasser. Irgendwie sind unsere immer hinter den Kühlschrank gefallen und haben sich in Wollmäuse verwandelt, aber trotzdem sind unsere Kinder gesund geblieben.

Sie könnten durch einen der mit Vitaminen angereicherten Säfte in Versuchung geraten. Bitte verkneifen Sie sich's, es sei denn, auf dem Etikett steht ausdrücklich, daß kein Zucker drin ist. In den meisten *ist* aber Zucker drin, und so köstlich sie schmecken mögen – Ihre Tochter wird vermutlich süchtig danach werden und sich die Zähne, die das Licht der Welt erst noch erblicken müssen, ruinieren. Normalerweise würde sie Wasser trinken. Erst abgekochtes, und dann welches aus der Leitung. Aber wenn sie erst mal Geschmack an Zucker gefunden hat, sind Sie ausgeschmiert.

Kommt die Sechsmonatswendemarke in Sicht, so können Sie allmählich darüber nachdenken, womit Sie Ihre Kleine füttern wollen. Wenn Sie sich bisher von Schokoriegeln und Speisen zum Mitnehmen ernährt haben, mag dies Ihre erste Begegnung mit einem Ding namens Sieb sein. Wenn Sie in einer höheren Einkommensklasse sind, heißt das Ding vielleicht Küchenuniversalgerät, aber lassen Sie sich nicht davon verwirren. Der Hauptunterschied zwischen Sieb und Küchenuniversalgerät ist das Tempo. Letzteres arbeitet zwanzigmal so schnell und erfordert bei der Reinigung tausendmal mehr Zeit.

Durchsieben kann sehr lästig sein. Am Anfang macht es Spaß, Gemüsebrei durch all die kleinen Löcher zu streichen, aber eine Tasse hält ewig vor, und womöglich haben Sie am Ende einen Kühlschrank voller pelzhäubchengekrönter Tassen. Man sagt mir, das Wahre sei, kleine Portionen in die Würfelschale im Eisfach zu tun. Wenn sie gefroren sind, nehmen Sie sie raus, tüten sie ein und beschriften sie. So haben Sie einen kleinen Vorrat an vorportionierten Mahlzeiten, und Ihre Tassen sind dem allgemeinen Gebrauch nicht entzogen.

Wollen Sie, daß Ihr Kind von Anfang an ißt, was Sie essen, dann müssen Sie mit Salz und Zucker so sparsam sein, wie es nur geht, und die Klumpen herausquirlen. Wenn Sie aber nach reiflicher Überlegung zu dem Schluß gekommen sind, es habe noch etwas Zeit, bis Rita von Ihrem Szegediner Gulasch kostet, können Sie »Weg mit dem Sieb« sagen und zu Fertignahrung in Gläsern greifen.

Es gibt solche und solche. Manche sind sehr attraktiv aufgemacht, und in anderen befinden sich Sachen, die nicht besonders gut schmecken, was uns – so die Hersteller – nicht daran hindern soll, sie an Menschen zu verfüttern, die noch zu klein sind, um Beschwerdebriefe zu schreiben. Eines ist allen Gläsern gemeinsam: Sie nehmen sie aus dem Küchenregal, schrauben den Deckel ab, und es ist angerichtet. Als Frau, die genug nicht Eßbares und schlichtweg Unmögliches durchgesiebt hat, muß ich eines sagen. Ich mag Gläser.

Brüste und Fertignahrung machen das Reisen mit einem Säugling recht einfach. Sie schnallen Rita auf dem Gepäckträger Ihres Tandems fest und strampeln los. Wenn sie hungrig wird, halten Sie an und füttern sie, und sobald der kleine Zeiger in ihren Augen auf Voll steht, schrauben Sie das Glas wieder zu, ordnen Ihr Unterhemd und fahren weiter. Primuskocher, Reisegrill, die Nächstenliebe des kleinen Mannes von der Straße – auf all das sind Sie nicht angewiesen. Und das ist gut so, jedenfalls bei uns. Die Briten sind das ungeschickteste Volk der Erde, wenn es um die Versorgung von Kindern geht. Die Italiener befeuchten ihre Lippen mit Barolo und singen ihnen was vor. Die Amerikaner richten ganze Restaurantketten ein, um sie zufriedenzustellen. Und sogar die Franzosen, die auf eine lange, ruhmreiche Geschichte der gemeinen Behandlung von Kindern zurückblicken können, tun etwas für sie, indem sie sie Schnecken aus ihrem Haus pulen lassen, bevor sie den Windeln entwachsen sind. Wenn aber jemand in Großbritannien ein Baby in der Öffentlichkeit zu füttern versucht, ruft jemand anderer mit Sicherheit die Polizei. In Deutschland dagegen, sagt mir meine Übersetzerin, werde es gerne gesehen, frau wisse nur nicht, wo.

Sie werden also ein paar Monate mit Fertignahrung und Improvisiertem zu Rande kommen – ich denke hier an die alten Renner für uns untere Dienstgrade der Proviantkolonne, die zermatschte Banane und das weichgekochte

Ei. Holen Sie das äußerste aus der Matschbananenphase heraus. Es ist die einzige Zeit in Ihrem Leben, zu der Sie schwarze, unansehnliche Bananen loswerden können. Danach werden sie – wie Äpfel mit Druckstellen und Orangen ohne Reißverschluß – von der ganzen Familie gemieden.

Ehe Sie sich's versehen, wird Rita zahnen. Und wenn ein kleines Mädchen Zähne hat, möchte sie die auch gebrauchen. Sie will Klumpen haben. Wenn Sie ungefähr so kochen wie ich, werden Sie jetzt zum Zuge kommen. Klumpen sind das Einfachste von der Welt. Man kann sie auch machen, ohne sie geplant zu haben. Die einzige Entscheidung, die Sie treffen müssen, ist, wie groß sie sein und wonach sie schmecken sollen.

Viele Leute behaupten, Kinder lernten zu essen, was ihnen vorgesetzt wird. Sie schwören, daß ihre nichts lieber mögen als eine Mousse von Stubenkükenlebern mit Luzernensprossen. Ich kann da nicht ganz folgen. Meine Kinder haben sich durch sämtliche Kochrezepte durchgegessen, die die Menschheit kennt. Wir waren zusammen voll Abenteuerlust in Feinkostgeschäften und haben hoffnungsfroh in die Tiefkühltruhen von Hypermärkten geblickt. Und wissen Sie, was meine Kinder am liebsten mögen? Erraten.

Sie mögen sie mit Würstchen und mit Eiern. Sie mögen sie mit Salz und Pfeffer, und wenn man sie läßt, auch mit Rhabarberkompott. Setzt man ihnen zu, so essen sie tatsächlich andere Gerichte, aber alles mit Knochen und alles, was grün ist, wird argwöhnisch weggeschoben, es sei denn, Oma hat es gekocht.

Wenn Sie eine Oma in der Familie haben, dann bitten Sie sie, schnell mal Hammelaugen mit Strychninsoße auf den Tisch zu zaubern, und beobachten Sie, wie Ihre Tochter noch das Dekor vom Teller leckt. Und wenn Omas Brillengläser nicht zu beschlagen sind, dann beobachten Sie das Funkeln in ihren Augen. Es gibt noch etwas im Zusammenhang mit Omas und Essen. Eine

Oma überredet die widerwilligste Esserin. Sie kriegt sie dazu, ihren Teller abzuräumen und unterm Bratensaft Max und Moritz zu entdecken. Das trägt zur Abfallvermeidung bei, aber als Taktik mißbillige ich es. Ich finde, Kinder sollten nicht die Macht haben, daß ihnen ein Erwachsener alles in mundgerechte Happen schneidet und sie beschwatzt, noch einen Löffel für Teddy zu essen. Da bekommen sie einen Blick, der »*Du* kümmerst dich ja nie um mich!« besagt, und in Omas Augen tritt wieder das entsetzliche Funkeln.

Bei dieser Gelegenheit können wir gleich darüber reden, wieviel Umstände Sie sich mit Kindern machen sollen. Wir leben in einer kindorientierten Zeit. Die Kindheit wird nicht mehr als unvollkommene und antisoziale Phase betrachtet, die man am besten so schnell wie möglich hinter sich bringt. Ich plädiere keineswegs dafür, die Junioren wieder ins Bergwerk zu schicken. Man sollte sie nur ab und zu bitten, einen Eimer Kohle zu holen. Und ihnen nicht jede Unbequemlichkeit ersparen. Vielleicht sind Sie anderer Meinung. Vielleicht gehören Sie zu den Müttern, die Fischfrikadellen in Froschmannform machen, um Rita dazu zu verlocken, daß sie ein kleines bißchen Kabeljau ißt. Aber wenn Sie sich von Rita zu bangem Warten vergattern lassen, während sie mit ihrer Froschmannfrikadelle herumspielt – wie wird sie dann in zwanzig Jahren sein? Machen Sie die Art Frau aus ihr, für die Trauben nur in Frage kommen, wenn alle Kerne daraus entfernt sind? Wird man je mit ihr leben können?

Tatsächlich funktioniert solche Aufbereitung von Nahrungsmitteln selten oder nie. Ich bin noch keinem kleinen Mädchen begegnet, das getarnten Fisch gegessen hätte, wenn es ihn nicht auch so aß. Spritzgußrosetten und Liebesperlen werden sie nicht von der Tatsache ablenken, daß sie's mit einem Geschmack zu tun hat, der ihr nicht behagt, und wenn sie ihr Frikassee nicht ißt, weil es sich um ein totes Huhn unter einer Leichendecke aus Milch und Mehl handelt, wird die Lage nicht durch Tomaten in Seerosenform gerettet.

Einstellungen zum Essen sitzen tief. Es geht dabei nicht nur um die Frage, wie hungrig wir sind und was im Kühlschrank ist. Je mehr Mühe sich der Koch gegeben hat, desto mehr Beifall braucht er, und für viele Frauen versteht es sich fast von selbst, daß ein guter Mensch auch gut für das leibliche Wohl von anderen sorgt.

Denken Sie ans Selbstgebackene. Allein das Wort beschwört einen bestimmten Frauentyp und einen heimeligen Duft herauf. Eine der ersten Klagen, die meine Kinder führten, als ich außer Haus zu arbeiten begann, war die, daß es kein Teegebäck mehr gab. Ihr Wehgeschrei rührte mich nicht. Tatsächlich verhielt es sich nämlich so: Mein Teegebäck war derart grauenhaft, daß die Kinder es lieber unterm Bett versteckten als aßen. Das Haus war voll verschimmelter Marmeladeplätzchen. Meinen Kindern fehlte nur die Vorstellung von einer Frau mit bemehlten Händen.

Wir alle schwärmen dann und wann für dummes Zeug. Wie zum Beispiel unser Brot selbst zu backen, weil es sooo gemütlich ist – obwohl uns beim bloßen Gedanken an den Teig der kalte Schweiß ausbricht und wir wissen, daß er nie gehen wird. Oder wir legen uns ins Zeug für ein echt traditionelles Weihnachtsfest. Das heißt in Großbritannien, wir verbringen Oktober und November damit, weiße Soße, Preiselbeerkompott und alles andere zu machen, was man auf einen Truthahn klatschen kann, bei dem nichts mehr zu retten ist, und stellen am ersten Weihnachtsfeiertag fest, daß wir lieber ein Käsebrot essen und uns irgendeinen Schwachsinn im Fernsehen anschauen.

Denken Sie also über Ihre Küchenaktivitäten nach. Überlegen Sie sich, für wen Sie's tun und ob es sich lohnt. Ich habe das Tarnen von Lebensmitteln längst aufgegeben. Eines schönen Tages warf ich die Rosettentüllen und Froschmannausstechformen einfach weg. Ich empfehle Ihnen dringend dasselbe.

Sobald Rita sitzen kann, ist sie auch in der Lage zu lernen, wofür ein Tisch da ist. Am besten fangen Sie mit einem Hochstuhl an. Hochstühle sind wohlkonstruierte Kollektoren für alles, was runterfällt. Je kunstreicher sie gearbeitet sind, desto mehr Platz bieten sie für Sachen, die in Spalten landen und dort festbacken. Sie können Hochstühle kaufen, aus denen sich Normalstühle machen lassen, Hochstühle, die auf dem Umweg über Laufstühle in Gartenschaukeln zu verwandeln sind, und sie alle werden ohne große Mühe Ihrerseits binnen kurzem zu unhygienischen Sammelstellen für Klebriges. Das Klügste ist, Sie legen sich einen gebrauchten Hochstuhl zu und gehen so schnell wie möglich zum Normalstuhl mit abwaschbarem Kissen über. Rita wird dann und wann von ihm fallen, aber was soll's? An meinem Tisch fallen regelmäßig ausgewachsene Männer vom Stuhl. Wenn sie noch hungrig sind, heben wir sie auf. Wenn sie genug haben – und das haben sie meistens –, lassen wir sie liegen.

Und was machen Sie mit dem Meißner Porzellan und dem Waterford-Kristall? Stellen Sie's nicht bis zum St. Nimmerleinstag weg, denn wenn Rita zu einem Staatsbankett eingeladen wird, muß sie wissen, daß Teller nicht heil vom Boden abprallen, aber geben Sie ihr für den Anfang Gerätschaften, die sie über Bord werfen kann, ohne Schaden anzurichten.

Wenn sie bei den Mahlzeiten mit Ihnen zusammensitzt, wird sie bald verstehen, daß ein Tisch der Ort für Speisen und Getränke ist, nicht aber für Füße, Spielzeug und Bilderbücher.

Ich mag Tische. Ich sitze gern an welchen, um gute Sachen zu essen und mich mit netten Menschen zu unterhalten. Ich bestehe darauf, daß meine Kinder dies dulden. Wenn sie's begriffen haben, dürfen sie sich zu mir setzen. Und das tun sie fast immer. Die Kinder anderer Leute sind eine andere Geschichte. Meistens verursachen sie mir Magenschmerzen. Ich führe das auf Psychologen, Pädagogen und das Malen mit Fingerfarben zurück. Viele

Eltern befürchten, ihrem Kind tiefe seelische Wunden zu schlagen, wenn sie dafür sorgen, daß es bei Tisch stillsitzt. Verständlicherweise hat Patrick daher das Gefühl, er könne mit seinen Fleischbällchen einen kleinen Rundgang machen. Außerdem wird er sich über die Textur eines jeden Gerichts mit anderen Personen austauschen wollen, weil in Spielgruppen gern Texturen erfühlt werden. Ich vermeide die Kinder anderer Leute bei Tisch, so gut ich kann. Mit dieser Politik hatte ich nur bei Kindergeburtstagen kein rechtes Glück.

Die nämlich sind manchmal unvermeidlich. Sie können es zwar so einrichten, daß all Ihre Kinder in den großen Ferien Geburtstag haben, wenn die halbe Welt verreist ist, aber früher oder später werden Sie irgendeine Festivität mit Essen veranstalten müssen.

Das meiste wird nicht gegessen. Das meiste landet auf dem Boden. Also erstens: Schätzen Sie, wieviel Essen Sie brauchen. Dann teilen Sie's durch zehn, ziehen das Datum davon ab – und es wird immer noch zuviel sein. Zweitens: Holen Sie sich John Berger ins Haus. Der soll das Essen farblich auf Ihren Teppich abstimmen. Drittens: Hat Ihre Mama bei Ihren Kindergeburtstagen Götterspeise in Häschenform und belegte Brötchen mit lächelnden Gesichtern gemacht? Meine auch. Vergessen Sie's. Viertens: Werden Sie nicht *zu* phantasievoll.

Unsere katastrophalste Party war eine Kombination aus Halloween (dem Tag vor Allerheiligen) und Guy-Fawkes-Day (dem 5. November). Das Ganze lief auf eine Art Fasching vor dem Karneval hinaus. Unsere Kinder schmierten sich soviel grüne Schminke ins Gesicht und klebten sich so viele eiternde Schwären an, daß sich nicht wenige von ihren Freunden zu sehr fürchteten, um über unsere Schwelle zu treten. Dann ging es mit der Verpflegung ins Auge. Wir hatten schwarze Eiswürfel aus Cola gemacht, und alle baten um ein Glas Milch, wenn es nicht zu umständlich sei; der Eiskrem-und-Schokoladeraspel-Freudenfeuerkuchen blieb liegen wie Blei, und weil er schmolz, konnten wir ihn nicht mal loswerden, indem wir ihn, in Scoobi-Doo-Servietten eingewickelt, unseren Gästen mit nach Hause gaben.

Ich hätte es wissen müssen. Geburtstagskuchen sind Zeitverschwendung, weil niemand sie essen will. Ich nahm das immer persönlich, bis ich merkte, daß der Kuchen, den meine Kinder von anderen Geburtstagen mitbrachten, auch nicht gegessen wurde. Was Kinder mögen, sind die Kerzen auf dem Kuchen. Stecken Sie die richtige Anzahl Kerzen in einen Batzen Plastilin, so sind sie auch zufrieden. Entscheidend ist, wie oft Sie bereit sind, die Kerzen anzuzünden. Lassen Sie alle Anwesenden mindestens einmal versuchen, sie auszupusten, und man wird Sie zur Kindergeburtstagsveranstalterin des Jahres wählen.

Ich würde diesen guten Rat selbst befolgen, wenn ich nicht mit Geburtstagen durch wäre. Ja, ich habe mein gerütteltes Maß hinter mir. Igelkuchen, Krokodilkuchen, Uhrenkuchen. Im Jahr des Dampfmaschinenkuchens half mir die Feuerwehr. Acht gestandene Mannsbilder, dankbar für eine Tasse Tee, nachdem sie bei der Nachbarin einen kleinen Brand gelöscht hatten, saßen in meiner Küche und machten Butzemänner aus Schokolade und Cocktailstäbchen. Dann kam das Jahr, in dem wir's mit einem grünen Helikopter versuchten und den Kuchen nicht an einen erhöhten Ort stellten, während der Zukkerguß erkaltete. Der Hund fraß das Ganze mitsamt dem silbernen Untersatz, und so mußten wir uns am nächsten Tag schnell was einfallen lassen. Das ist nicht leicht, wenn man die ganze Nacht auf den Beinen war und sich um einen Hund mit silbergrünem Durchfall gekümmert hat.

Bei der Essensplanung sollten Sie davon ausgehen, daß jedes Kind, das einen kleinen Schokoriegel als Preis gewinnt, diesen gleich verzehrt. Dann leeren Sie so viele Beutel Chips, wie Sie sich eben leisten können, in einen Trog. Wenn Sie unbedingt kochen müssen, belassen Sie's bei Würstchen und bringen Sie sie kalt zu Tisch. Ansonsten: Chips. Chips und bitzelnde Limonade. Hektoliterweise Limonade. Wenn Sie Pappbecher verwenden – und wer täte das nicht –, wird ein großer Teil der Limonade auf dem Disneylandpapiertischtuch landen, also decken Sie sich reichlich mit Ersatz ein. Und nehmen Sie's lokker. Wenige von Ihren kleinen Gästen werden am Tisch sitzen bleiben. Meistens werden sie Schnellanflug und Nachtanken in der Luft mit Hula-Hoop-Reifen spielen und nur lange genug still stehen, um sich in die Hose zu machen oder sich zu übergeben.

Aber zurück zum richtigen Essen. Ich möchte hier nicht den Eindruck erwecken, daß ich für Tyrannei bei Tisch bin, denn ich bin es nicht. Im Gegenteil. Ich habe oft genug erlebt, wie freundliche Menschen durch tyrannische, wichtigtuerische kleine Kinder den Appetit verloren und Magengeschwüre bekamen, und ich finde, das sollte abgestellt werden. Erhalten wir uns unsere gute Verdauung, indem wir auf ein paar simplen Gefälligkeiten von seiten derer bestehen, die mit uns essen. Keine Tierimitationen. Keine Spaziergänge auf dem Tisch. Dann können wir's uns leisten, bei Kleinigkeiten entgegenkommend zu sein.

Wenn Rita keinen Gefallen an den Klumpen findet, die Sie ihr vorgesetzt haben, und sagt, sie werde nur Brot essen – machen Sie sich nichts draus. Es wird in ihrer Ernährung immer einen Ausgleich für das geben, was sie nicht mag, also erlassen Sie Ihrem Gehirn die Lösung des Problems, wie Sie Rita dazu kriegen, Karotten zu essen, und widmen Sie sich wichtigeren Dingen. Flexibilität. *Das* brauchen Sie.

Flexibilität ist sehr praktisch. Dank ihr machen Sie *en passant* Vorschriften, und sie stärkt Ihnen den Rücken, wenn Sie plötzlich despotisch und unvernünftig sein wollen. Zum Beispiel können Sie mit Essenszeiten durchaus flexibel sein, ohne Ihre Gesundheit zu ruinieren. Als Kind habe ich die Sonntage gehaßt. Am Sonntag sah ich meine Mutter nie. Sie blieb stundenlang in der Küche mit Dampf und Dunst und Bangigkeit. Sonntag, das hieß dunkle Bratensoße und Mittagessen um Punkt eins. Wenn sie die Normen nicht hochhielt, wer dann? Ich bestimmt nicht. Ich möchte, daß meine Kinder das Essen als Privileg und Vergnügen betrachten. Am Sonntag frühstücken wir um zehn im Bett, und um vier gibt es Mittag- und Abendessen.

Sobald sich Rita an Tische gewöhnt hat, können Sie ihr zeigen, daß Essen nicht unbedingt mit Tischen und Stühlen verbunden ist. Gras ist phantastisch, und Strände sind es auch. Knietief im Salzwasser, während der Augustregen von ihrem Südwester tropft, wird Rita *alles* essen.

Im Auto essen ist schwieriger. Wir haben's jahrelang versucht und es immer noch nicht zur Perfektion gebracht. Irgendwie werden selbst staubtrockene Kräcker naß und klebrig, also sollten Sie nur im Auto essen, wenn es wirklich keine andere Möglichkeit gibt. Ich erinnere mich an einen besonders klebrigen und eiligen Ostermorgenausflug nach Gatwick. Da verteilte ich todesmutig Würstchen aus der Thermoskanne *und* wir aßen Ostereier, während wir uns in Kleider warfen, die für einen Besuch bei Oma paßten – und all das im beengten Raum eines bescheidenen Kombis. Das war elterliche Torheit von der schlimmsten Sorte, und ich hoffe, Sie vor ähnlichem zu bewahren, indem ich es öffentlich gestehe. Heute würden wir einen Kleinkredit aufnehmen und ins nächste Café gehen.

Abschließend sollten wir uns über Kinder und Küche unterhalten. Wenn Sie eines von diesen kleinen Gittern vor der Tür haben, damit die Junioren draußen bleiben, wird der Tag kommen, an dem Ihr Sohn drübersteigt und »Kann ich was helfen?« fragt. Ist er größer als Sie, so zeigen Sie ihm, wo der Gin und die Wachteleier sind, und sagen Sie ihm, er solle Ihnen das Ganze auf einem Tablett ins Bad bringen. Ist er kleiner als Sie, so müssen Sie sich etwas weniger Ehrgeiziges einfallen lassen. Ich will es Ihnen verraten.

Fangen Sie mit ganz einfachen Dingen an. Es ist schlimm, wenn Sie mit etwas beginnen, das Sie weder wollen noch brauchen, und dann entdecken, daß Ihr Sohn das Interesse verloren hat und verschwunden ist, um Murmeln zu spielen. Beim Kind von heute muß alles auf Knopfdruck funktionieren. Es möchte Ergebnisse sehen, und zwar sofort. Und ich finde zwar, es sollte lernen, daß es im Leben nicht immer so glatt funktioniert, aber ich glaube kaum, daß die Küche der ideale Ort ist, um ihm dies zu vermitteln.

Meinen Sie, Ihr Sohn werde, wenn er ans Kochen gedacht hat, innerhalb von fünf Minuten essen wollen, so bitten Sie ihn besser zu warten, bis Sie die nächste Mahlzeit zubereiten, und lassen Sie ihn dann ein bißchen helfen. Er kann ein Ei in eine Tasse aufschlagen oder es zumindest versuchen. Solange es nicht Ihr letztes ist. Er kann auch etwas mit dem Meßbecher abmessen und es in eine Schüssel tun. Danach kehrt er vielleicht zufrieden zu seinen Wachsmalkreiden zurück.

Wenn er in einer Spielgruppe oder im Kindergarten ist, läuft es möglicherweise anders. Diese Institutionen ermutigen Kinder, in allen Dingen handgreifliche Erfahrung zu fordern. Selbst wenn sich Ihre Küche in einem kleinen Einbauschrank befindet und Sie wegen Ihrer Nerven in ärztlicher Behandlung sind, werden Ihnen Enthusiasten erzählen, daß er dabei viel Nützliches über Gewicht und Volumen lernen und sich manuelle Geschicklichkeit aneignen wird. Ich kann Ihnen verraten, er wird auch lernen, was *heiß* bedeutet. Und jene fäkalische Vorsilbe, die sich darauf reimt.

Spielgruppen machen unter anderem Kochspiele, bei denen das Kind bis über beide Ohren mit Lernspaß eingedeckt wird. Beliebt ist Pfefferminzcreme. Da braucht man nicht zu kochen, da braucht man nur Wagenladungen von Puderzucker, und essen kann man sie nicht.

Ebensowenig wie das Gebäck. Ich sollte Ihnen jetzt schon sagen, daß es eines ganzen Chimborassos aus Plätzchenteig bedarf, damit Ihr Kind rund, gesund und repressionsfrei aufwächst.

Wenn Ihr Sohn alt genug ist, um einigermaßen über heiße Herdplatten, Messer und grummelnde Erwachsene Bescheid zu wissen, kann er Ihnen in der Küche helfen, indem er die Arbeiten erledigt, die Sie hassen. Wie Petersilie feinwiegen und Karotten raspeln. Oder sich sein Pausenbrot für den nächsten Tag machen. Natürlich wird er zunächst Ihr Vertrauen mißbrauchen, aber zuguterletzt wird er die Schokoladestullen selber satt haben.

Hat er eine Weile Mädchen für alles gespielt und immer noch Spaß an der Küche, so kann er sich an Dingen versuchen, die wir mal als Essen betrachten wollen. Lassen Sie ihn mit Nudelfertiggerichten, Instant-Käsekuchen, Sachen auf Toast und Sachen in Fladenbrot anfangen. Wenn er das begriffen hat, ist er auf bestem Weg, weder in einem möblierten Zimmer zu verhungern noch jedes Wochenende mit einem Beutel voll schmutziger Wäsche überm entfleischten Arm nach Hause zu kommen. Und Sie können bald wieder in Erinnerung an alte Zeiten Ihren warmen Leberkäs aus dem Papier essen.

Ist Ihr Wäscheschrank voll flauschiger Babysachen in kräftigen Farben? Sind für jede Gelegenheit Kleider vorhanden und ist jeder Morgen wie Weihnachten? Schön. Ihr Kind ist noch klein. In den nächsten zwölf Jahren wird es abwechselnd Rollkragenpullover, Kniestrümpfe, lange Strümpfe und Socken hassen, Sachen, die zu straff sitzen, Sachen, die zu locker sitzen, und ausnahmslos alles, was braun ist. Aber fangen wir ganz vorne an.

Wenn Ihr Schwangerschaftstest positiv ist, beginnen die Leute schon am nächsten Tag, Ihnen Babykleider zu schenken. Und danach ist es wie der Bolero von Ravel. Es zieht sich lange hin und endet mit einem Taumel aus Päckchen in Seidenpapier und nilgrünen Häubchen. Sie können bei der Arbeit geschlagene fünf Jahre dem kinderfeindlichsten Muffel gegenübergesessen haben – plötzlich wird er etwas Gestricktes in schreiendem Rosa aus der Aktentasche ziehen und »Ist doch nur eine Kleinigkeit« sagen. Sie werden in pastellfarbenen Häkelsachen ertrinken, bei deren Herstellung wildfremde Leute Blut und Wasser geschwitzt haben. Und das ist eine Affenschande, denn selbst wenn Sie sich aufs äußerste bemühen, werden Sie kaum gewährleisten können, daß all die Sachen wenigstens einmal getragen werden. Betrachten Sie sie nicht so sehr als Kleidungsstücke. Sondern als kleine wollene Willkommensgrüße. Eine Fäustlingsschwemme ist gar kein so schlechter Anfang im Leben. Die Welt wird bald genug Schlange stehen, um Ihrem Sohn auf die Finger zu klopfen. Natürlich können Sie, wenn die Leute fragen, was Sie gern hätten, auch etwas Nützlicheres vorschlagen wie ein neues Getriebe fürs Auto der werdenden Mutter oder eine Anzahlung auf das erste Paar Schuhe für den Knaben. Und wenn die Geber auf etwas Gestricktem bestehen, können Sie's immer noch einmotten. Früher oder später wird der Schwangerschaftstest einer anderen Frau positiv sein, und dann sind Sie bestimmt froh um ein selbstgestricktes Stück in tadellosem Zustand, das Sie in Seidenpapier wickeln können.

Lassen wir jetzt die Geschenke beiseite. Was Sie bei den Sachen für die erste Phase brauchen, ist robuste Schlichtheit. Neugeborene sind so undicht wie Siebe. Die Hose abwärts, das Hemd empor und sämtliche Vorderteile runter. Wenn Ihr Sohn besonders schlimm zu sein scheint, dann vergewissern Sie sich, ob Sie ihn richtig halten.

Da er nichts länger als fünf Minuten trocken lassen wird, ist es wichtig, daß alles, was er trägt, leicht an- und auszuziehen und in der Waschmaschine unzerstörbar ist. Die elastischen Strampelanzüge mit langen Ärmeln und Beinen sind fast unübertrefflich. Sie sind warm, praktisch und mit Hilfe einer der einfachsten Erfindungen der Neuzeit zu schließen, dem Druckknopf. Druckknöpfe lassen sich so phantastisch leicht handhaben, daß Sie's während der Nacht können, ohne die Augen zu öffnen.

In einem solchen Anzug sieht der Junge unweigerlich flott aus. Sie können ihn hochheben und durch die Gegend werfen, es gibt keine Schwierigkeiten, wenn Sie ergründen wollen, wo seine bestickte Bettdecke endet und sein Nachtgewand beginnt, und wenn er den Anzug nicht länger als zwei Stunden trägt, dürfen Sie ziemlich sicher sein, daß etwaige Leckagen, wie es in AKW-Filmen heißt, nicht zum Störfall führen. Ich persönlich lehne es ab, mit kleinen Kindern umzugehen, die nicht in ein solches Kleidungsstück eingeknöpft sind. Außerdem gibt es Strampelanzüge in so herrlichen Farben. Wenn für ein bißchen kurzbeinige Frauen in der Blüte ihrer Jahre auch welche hergestellt würden, würde ich nichts anderes tragen.

Zweierlei sollten Sie bei den ganz Kleinen vermeiden. Erstens enge Sachen, die man über den Kopf ziehen muß.

Fragen Sie mich nicht, warum, aber Ihr Sohn wird das hassen. Vielleicht erinnert es ihn an den Tag, an dem er auf die Welt gekommen ist. Zweitens Schuhe. Verweigern Sie ihm Schuhe, bis er Ihnen einen wirklich triftigen Grund nennt, zum Beispiel ein Vorstellungsgespräch.

Gewiß können Sie schon für den winzigsten Jungen Schuhe kaufen, und allerliebst sind sie außerdem. Aber er braucht sie nicht. Wie Sie und ich wird er Schuhe nur nötig haben, weil die Welt voller Glasscherben, rostiger Nägel und umwerfender Modeideen ist. Und bis er für eine Begegnung mit diesen reif ist, ist er ohne Schuhe besser dran. Wenn Sie ihm welche kaufen, wird er es für seine Pflicht halten, von jedem Paar einen Schuh zu verlieren. Immer nur einen. Er wird es nicht allzu schwierig finden, das Ding übern Rand des Kinderwagens zu schieben und in die nächste Hecke zu schütteln, wenn Sie gerade nicht herschauen. Einige Kilometer weiter wird Ihnen als erstes auffallen, daß er seinen Fuß bewundert. Und das mit Recht. Bloß und uneingezwängt sind Füße in der Tat etwas Schönes.

Bewohnt Ihr Sohn dann den Boden, so verlagert sich das Schwergewicht seiner Garderobe. Ob er sich zum Krabbelkind oder zum Porutscher entwickelt – die schiere Mobilität bedeutet ein hartes Leben für seine Kleider. Wenn ich's noch mal mitmachen müßte, würde ich mich wahrscheinlich für strapazierfähige Grautöne entscheiden.

Sie kriegen wunderbare Sachen für diese Altersgruppe. Farben wie aus dem Malkasten, Wespenstreifen und witzige Kleinigkeiten wie Taschen mit Reißverschlüssen und Opahosenträger. Sie könnten von allem ein bißchen kaufen. Ihren Sohn am Morgen wie zu Beginn des Jahrhunderts kleiden und am Nachmittag hillbillymäßig. Aber was es auch sein mag – es wird grau.

Oder haben Sie ein kleines Mädchen, das mit rosa Samt und weißgerippten Strümpfen bildhübsch aussähe? War eine Tochter immer Ihr Traum? Das kann ich verstehen. Kaufen Sie ihr fürs erste etwas in Grau. Später wird sie vielleicht so ein Bild von Mädchen. Jedenfalls wird alles weitaus hübscher aussehen, wenn sie weniger Zeit auf dem Boden verbringt.

Kann Ihr Sohn stehen, so gibt es plötzlich sehr viel mehr an ihm zu bekleiden. Zum Beispiel muß er beschuht werden. Kinderschuhe kaufen ist eine Strafe. Die Schuhgeschäfte haben, weiß Gott, ihr Bestes getan. Manche sehen aus wie Kulissen für Hänsel und Gretel. Trotzdem ist es eine Strafe. Gehen Sie nie an einem Regentag los, und gehen Sie nie los, wenn Sie in den Miesen sind, demnächst Ihre Tage bekommen oder gerade zur Gewalttätigkeit neigen.

Erst müssen Sie eine Stunde warten, während die einzige Kinderschuhfachverkäuferin endlos gleichen kleinen Jungen namens Florian endlos gleiche kleine Schuhe anprobiert. Für jedes durch Fachausbildung unverdorbene Auge ist deutlich, daß ihm schon das erste Paar gepaßt hat und daß er's nur in die Länge zieht, weil er das Länderspiel sehen will, das gerade im Radiogeschäft auf der anderen Straßenseite über einen Großbildschirm flimmert. Schauen Sie sich Florians Mutter an. Ist das nicht die Frau aus der Migränetablettenwerbung? Schließlich sind Sie an der Reihe. Ihr Junge will nicht vom Schaukelpferd runter. Nach einer Stunde im Sattel gefällt es ihm allmählich. Um zu zeigen, wie ungern er abgestiegen ist, verbiegt er seinen Fuß zum unförmigen und unmeßbaren Klumpen. Die Fachverkäuferin ist solches Verhalten gewohnt. Ihre Fachausbildung hat sie befähigt, damit umzugehen. Also sagt sie Ihnen, daß der Laden gleich schließt, und erkundigt sich, ob Sie schon mal an orthopädische Stiefel gedacht haben.

Wenn Ihre Kinder zu groß fürs Schaukelpferd sind und sich bereit erklären, ihre Füße vermessen zu lassen, werden Sie feststellen, daß sie mit ihrer Fußbreite Schuhgröße Z brauchen, die nach Auskunft der Fachverkäuferin so gut wie nie verlangt wird und daher nicht vorrätig ist. Sie werden zu einem anderen Schuhgeschäft ziehen und einer anderen Fachverkäuferin lauschen, die Ihnen darlegt, daß es vielleicht auch Schuhgröße Y tut, und zwar als Slipper, den sie zufällig in Kirschrot auf Lager hat. In diesem Moment wird Albert anfangen, sich auf dem Boden zu wälzen, mit Schaum vor dem Mund und einem blauen Schnürschuh in der Hand. Und das ist noch gar nichts. Er ist ja noch klein. In der Schule wird er sehr viel mehr brauchen als blaue Schnürschuhe und ein paar Slipper. Turnschuhe und Fußballstiefel und Lackschuhe für die Tanzstunde. Ganz zu schweigen von Haus- und Straßenschuhen.

In der letzten Schuhphase nehmen Ihre Kinder das gesamte Angebot in Augenschein und sagen Ihnen dann, Sie machten wohl Witze. Das ist einfacher. Sie setzen sich ins nächste Café und bestellen sich ein Stück Sahnetorte. Dann geben Sie jedem Dissidentenkind ein paar brandneue Banknoten und sagen ihm, Sie gingen in einer Stunde und für seine deformierten Füße sei es selbst verantwortlich.

Aber kehren wir zu dem zurück, was Ihr Sohn am Leib trägt. Sie werden es aufgrund des Versuchs, sich selbst einzukleiden, wissen: Unsere Geschäfte arbeiten auf der Basis, daß das Klima jahreszeitliche Schwankungen aufweist. Mit anderen Worten, im Februar erhalten Sie Badesachen für den August, und im August werden Ihnen ausschließlich Moonboots für den Februar verkauft. Das ist wohl international. Aber bleiben wir bei Großbritannien und den angrenzenden Regionen. Dort ist es fast immer kühl und naß. So zu tun, als gäbe es Sommer wie an der Copacabana und Winter wie in Gstaad, ist ähnlich verrückt, als sänge man ein patriotisches Lied und glaubte jedes Wort. Und so wissen alle, wo die Phantasie endet, und daß man Wollsachen und Gummistiefel braucht, um das Jahr heil zu überstehen. Solange Sie sich an diese Grundwahrheit halten, sind Ihre Kinder für sämtliche Unbilden der Witterung gerüstet.

Wenn Sie also in einer regnerischen Gegend wohnen und im Laden etwas sehen, das Ihnen gefällt, überlegen Sie sich, wie es mit einem dicken Pullover und Gummistiefeln aussehen wird, und treffen Sie erst dann Ihre Entscheidung. Und kaufen Sie nie und unter gar keinen Umständen ein leichtes Sonnenkleidchen. Wenn Sie Ihre kleine Tochter nach irgendwohin mitnehmen, wo es so warm ist, daß sie's tragen kann, werden Sie sie, damit sie keinen Hitzschlag kriegt, bis Sonnenuntergang im Schatten bleiben lassen müssen. Und wenn Sie etwa die Absicht haben, den Sommer in Großbritannien zu verbringen, wird sie als Ergänzung zum Kleidchen einen Norwegerpullover und Handschuhe brauchen.

Kommt eine längere Schönwetterperiode und sind Ihre Kinder noch klein, so kämpfen Sie sich in einen jener Läden voller Skianzüge vor und weigern Sie sich zu gehen, ehe Ihnen jemand preiswerte Shorts verkauft. Oder, besser noch, Ihre Sprößlinge entblättern sich Schicht für Schicht und laufen herum, wie Gott sie geschaffen hat. Vielleicht halten die Ihrer Nachbarn es genauso. Dann wird es keine Probleme geben. Andererseits können die Nachbarn aber auch entsetzt sein. Als ich zum erstenmal ein Kleinkind nackt im Garten spielen ließ, hatte ich keine Vorstellung von dem öffentlichen Ärgernis, das ich damit erregen würde. Leute in Strickjacken sahen mich über den Zaun hinweg finster an, und am Ende des Sommers waren wir von Tafeln umgeben, auf denen ZU VERKAUFEN stand. Ähnliches begegnet Ihnen an Textilstränden. Eltern halten riesige Handtücher hoch, damit sich winzige Kinder aus ihren Badesachen schälen können, und sagen: »Paß auf, Peter, du willst doch sicher nicht, daß alle deinen Po sehen.«

Traurig genug, denn zur Entspannung des geschundenen Körpers kommt nichts einem bißchen Sonnenschein und Seeluft gleich, aber so ist es nun mal. Ich nehme an, Europa hätte den Rest der Welt nicht so schön zivilisiert, wenn wir ohne Unterkleidung herumgelaufen wären.

Vom Kleinkindalter bis zum zwölften Lebensjahr ist das Problem, was Albert trägt, relativ einfach zu lösen. Sagen Sie ihm, daß er nur kriegt, was Sie sich leisten können, und ermutigen Sie ihn in keiner Weise dazu, sich zum wandelnden Kleiderständer zu entwickeln. Dafür ist später noch reichlich Zeit. Sie *können* zwar mit einem Fünfjährigen darüber diskutieren, ob er zur roten Hose besser paßt als zur grünen, aber ich vermute, Sie haben Wichtigeres zu tun.

Die Hauptsorge bei dieser Altersgruppe ist, sie dazu zu bekommen, daß sie sich selbst anzieht, ihr zu zeigen, welchen Weg die schmutzige Wäsche nehmen muß, wenn sie sauber werden soll, und kleine Schwierigkeiten auszuräumen. Bei denen geht es fast immer darum, wie Kleider sitzen. Kinder hassen Sachen, die zu eng oder zu weit sind, beziehungsweise kratzige Etiketten und Verschlüsse haben, die nicht zubleiben. Es lohnt sich, solche Ärgernisse sofort anzugehen. Mein Vorschlag: Wenn das Problem in weniger als einer halben Stunde mit haushaltsüblichem Gerät zu bereinigen ist, dann tun Sie das. Wenn nicht, verschenken Sie das gute Stück oder nehmen Sie's als Putzlappen. Es hat keinen Sinn, es fürs nächste Kind aufzubewahren. Kratzige Pullover gehen ins kollektive Gedächtnis ein, und wenn Albert ihn nicht tragen wollte, wird auch Leonore sich weigern.

Sich selbst anziehen können ist eine sehr nützliche Fähigkeit. Ich kenne Männer, die nicht in der Lage sind, ihre frischgewaschenen Socken zu finden, und sie bieten ein wahrhaft klägliches Bild. Egal, wie klein Ihr Sohn noch ist, wenn er zum erstenmal versucht, sich selbst anzuziehen, dann lassen Sie es nicht an Zuspruch fehlen. Weiß er, wo alles ist und in welcher Reihenfolge es angezogen wird, so erspart Ihnen das Stunden grauenvoller Langeweile. Seien Sie nicht pedantisch mit Einzelheiten und entmutigen Sie ihn nicht, indem Sie darauf bestehen, daß er sein Unterhemd richtig herum tragen muß. Ein falsch herum getragenes Unterhemd hat noch nie jemandem geschadet. Ebensowenig wie ein Pulli in Pink mit orangem Rock und violetter Strumpfhose.

Eine Familie von Selbstanziehern erkennen Sie auf den ersten Blick. Sie wirkt wie die Statisterie einer Dickens-Verfilmung. Stört es Sie, mit einem solchen Haufen gesehen zu werden, oder meinen Sie, dies kontrastiere unangenehm mit Ihren Modellkleidern, so können Sie versuchen, die Zahl der sich wirklich beißenden Kombinationen zu reduzieren, indem Sie jedem Kind eine bestimmte Farbe zuordnen. Das ist auch praktisch, wenn Sie eine einsame grüne Socke finden. Dann können Sie mit Gewißheit sagen: »Die gehört Albert.«

Allerdings gibt es Familien, die sogar die Zuordnung nach Farben unmöglich machen. Familien, in denen die Kinder ihre Kleider tauschen, in denen der erste auf den Beinen der Bestangezogene ist und der letzte den braunen Rolli kriegt. Auf diese Weise lernen sie eine Menge über Zusammenarbeit. Zumindest die Schwächsten und Verschlafensten. Und wenn sie bei der Frage, wer heute mit dem roten T-Shirt dran ist, kooperieren können, dann schaffen sie das auch bei schwierigen Reißverschlüssen und beim Binden von Krawatten. Wer möchte denn, daß sie aussehen wie inszeniert? Wem liegt an Fliegen für kleine Jungs und strahlend weißen Socken? Aber nett wäre es ab und zu doch, oder nicht?

Ich habe mir einige Vetorechte im Hinblick auf die Kleidung meiner Kinder vorbehalten. Besuchen wir Oma, so erwarte ich einen gewissen Standard. Zum Beispiel, daß Einzelsocken nur dann angezogen werden, wenn es sich wirklich nicht vermeiden läßt, und daß der Pullover getragen wird, den sie gestrickt hat, weil das ein Gebot der Höflichkeit ist. Gehen wir zum Arzt, so verbiete ich jedes Outfit, das nicht binnen dreißig Sekunden abgelegt werden kann. Ich lehne es ab, Aufnestelkunststücke zu vollbringen, wenn im Wartezimmer röchelnde Bronchitiskranke sitzen, die baldiger Behandlung bedürfen.

Und sonst? Tue ich so, als kümmerte es mich nicht. Ich habe einen so großen Teil meiner Jugend in Plastikregenmäntel und Jacken verbracht, in die ich schon noch reinwachsen würde, daß ich nicht viel Zeit an Kleider verschwende. Und selbst wenn ich mich mehr bemühen würde, wäre da das eine oder andere Kind, das zu Oma rennen und ihr vorweinen würde, sein einziges Unterhemd sei zum Abwischen des Ölmeßstabs mißbraucht und nie ersetzt worden.

Bei uns gibt es Schuluniformen. Bei Ihnen nicht. Aber es gibt überall eine Art, sich zu kleiden, die an Uniformierung heranreicht, und Eltern, die über Konformitätsdruck stöhnen und die Individualität ihres Sprößlings bedroht sehen.

Dazu besteht kein Anlaß. Solche Uniformierung wird der Individualität Ihres Kindes nicht schaden. Wenn Sie wirre Ideen über freilaufende Hühner und den ungebundenen Geist des Menschen haben, dann werfen Sie einen Blick auf die Welt, in der Ihr Sohn leben muß. Worauf er auch stößt, es stammt aus irgendeiner Massenproduktion. Wohin er sich auch wendet, er wird die Urangst empfinden, von der Horde isoliert zu sein. Keiner von uns ist gern der letzte Mohikaner. Oder der letzte Mann im Dorf, der Schuhe mit Plateausohlen trägt.

Der Drang, ganz ganz anders zu sein, regt sich normalerweise nicht vor der Midlife-crisis. Und wenn Sie die gerade durchmachen, sollten *Sie* sich weigern, diesen oder jenen Hut aufzusetzen, aber Albert seine Baseballkappe nicht verwehren. Bestehen Sie darauf, daß er im Namen der Anarchie im Trainingsanzug fürs Klassenfoto posiert, so wird er sich garantiert in die hinterste Reihe verkriechen. Darum kaufen Sie ihm, was üblich ist, und gönnen Sie ihm das Vergnügen, genauso zu sein wie alle.

Wenn Sie ein ausgesprochener Kontrolltyp sind, werden Sie es für vernünftig halten, einmal am Tag Ihre Runde zu drehen, schmutzige Wäsche einzusammeln und sie in den Wäschekorb zu befördern. Das dauert nur ein paar Sekunden, und haben Sie's hinter sich, so ist es eine Kleinigkeit, die Sachen zu waschen, zu bügeln, zu flicken, kürzer zu machen, länger zu machen und in Ihren paar freien Minuten zum Kaufhaus zu rasen und etwaigen Ersatz zu erstehen ... Jetzt hören Sie mal! Daß Ihre Kinder die Wäsche rauslegen, die gewaschen werden muß, ist doch sicher das mindeste, was Sie von Ihnen erwarten können?

Wenn Ihr Sohn zehn ist und Sie immer noch zwischen den Comics auf seinem Boden nach getragenen Kleidern wühlen, wie soll er dann je begreifen, daß sich Socken nicht von selbst zur Waschmaschine bewegen?

Ich habe bescheidene Erfolge mit der Laß-sie-nur-sehen-was-passiert-Methode erzielt. Zu diesem Zweck müssen Sie bis zur Hälfte des Schuljahrs warten. Wenn dann nichts mehr in der Schublade Ihres Sohnes ist als eine Badehose und ein interessanter Stein aus den Bergen, kratzt es Sie nicht, daß er die ganze Woche im Bett bleiben muß. Diese Lektion wird er sich zu Herzen nehmen.

Ungefähr vierzehn Tage. Dann müssen Sie das Ganze wiederholen oder etwas Stärkeres ausprobieren. Zum Beispiel einen Stachelstock fürs liebe Vieh. Aber Ihr Sohn kann durchaus lernen, wohin die schmutzige Wäsche kommt. Er kann auch lernen, wie man Waschmaschinen bedient, was Programmnummern sind, wo das Waschpulver eingefüllt wird und was passiert, wenn man Buntes als Kochwäsche behandelt. All das sprengt den Rahmen seines Begriffsvermögens nicht. Ich muß zugeben, es macht mich nervös, so weit zu gehen. Das liegt wohl daran, daß ich hart gearbeitet habe, um mir diese Waschmaschine leisten zu können. Und ich will sie nicht abschreiben müssen, weil der Knabe, der an ihr herumhantierte, den Kopf zu tief im Comic hatte.

Nichts hindert Ihre Kinder daran zu lernen, wie man

Knöpfe und Namensschildchen annäht. Und bügelt – aber dafür müssen Sie Nerven wie Drahtseile haben. Lassen Sie Ihren Sohn mit etwas Einfachem anfangen. Ein extra großes Bettuch gibt ihm reichlich Gelegenheit zum Üben, vorausgesetzt, Sie bügeln Bettücher. Zeigen Sie ihm, wie ein Bügeleisen funktioniert, erzählen Sie ihm von Brandflecken und lassen Sie's ihn dann mit etwas Hilfe von seiten seiner Stereoanlage versuchen. Wenn Sie eines Tages zur Kur weilen und sein Smokinghemd geplättet werden muß, wird er's Ihnen danken.

Sind Ihre Sprößlinge ungefähr elf Jahre alt, so können Sie die Jungen allmählich von den Mädchen unterscheiden. Wenn das Kind seine Jeans einen Monat lang trägt und Stein und Bein schwört, es sei egal, ob das Ärmelfutter aus dem Anorak hängt, solange nur der Aufnäher des bevorzugten Fußballvereins dranbleibt, handelt es sich um einen Jungen. Andernfalls handelt es sich um ein Mädchen, und sie wird plötzlich in Kleidern, die Sie ausgesucht haben, nicht mal als Leiche gesehen werden wollen. Manche Mädchen warten damit, bis sie dreizehn sind. Wenn der Moment gekommen ist, merken Sie's daran, wie Ihre Tochter Sie anschaut. Oma regt vielleicht grausam freundlich einen Sprint zur nächsten Boutique an, aber Omas haben des öfteren komische Ideen – zum Beispiel, daß man Jungen dadurch von Mädchen unterscheiden kann, auf welcher Seite sie ihren Mantel knöpfen, und die besseren Herrschaften von den Bauern durch den Glanz auf ihren Schuhen.

Zurück zur strapaziösen Jugend. Hier ist meine Kriegslist: Kaufen Sie Ihrer Tochter die Sachen, die sie haben muß – einen Mantel und Schuhe, die keinen Regen durchlassen, sowie, wenn Sie feige sind, ein Kleidungsstück, das rechts zu knöpfen ist und den Ansprüchen einer scharfäugigen Oma genügt. Dann geben Sie Ihrer Tochter zweimal jährlich Kleidergeld und schicken Sie sie alleine los. Keine Überziehungsmöglichkeiten. Und kein

Kredit. Wie ich haben Sie wahrscheinlich einen Schrank voller Sachen, die Sie hassen und deren Kauf Sie bereuen. Wie ich kennen Sie die Grenzen von Schere und Garn, und meistens werden Sie wissen, wann die nächste Altkleidersammlung ist. Nun da unsere Töchter heranwachsen, müssen sie's auch lernen.

Ich habe diese Methode an einem Mädchen getestet, und bis jetzt hat es gut funktioniert. Aber ich gestehe, daß ich meine Zweifel daran habe, ob es auch bei Jungen klappt. Die Kleidergeschichten kommen bei ihnen viel später, und ich kenne reihenweise Vierzehnjährige, die das ganze Kleidergeld für Pickelcreme und Angelgerät ausgeben und einfach im Bett bleiben würden, wenn ihnen nichts mehr paßt.

Ob Junge oder Mädchen, sobald Ihre Sprößlinge das Kleidergeldstadium erreicht haben, wird es Zeit, daß Sie Ihre Zunge hüten. Was immer die Kinder tragen mögen, es wird Ihnen unglaublich häßlich vorkommen. Oder Sie hatten dergleichen vor zwanzig Jahren selbst an und sind absolut sicher, daß *Sie* damit tausendmal besser aussahen. In beiden Fällen müssen Sie schweigen. Weil Ihre Kinder nämlich gar nicht so aussehen wollen, wie Sie's gern hätten. Es interessiert sie auch nicht, was Sie damals getan haben. Und was sie tragen, ist letzten Endes egal, solange sie anderen gegenüber freundlich sind, nur bei Grün über die Straße gehen und im Gedächtnis behalten, daß sich Wäschekörbe nicht von alleine füllen.

Die besten Dinge im Leben kosten nicht viel

Ich kannte einmal einen Mann, den ich Ebenezer nennen will, obwohl er nicht so hieß. Sein erstes Kind war gerade auf die Welt gekommen, und er erzählte mir, wie sehr ihn das viele Geld entsetze, das die Leute für Spielzeug ausgäben. »So blöd werden wir nicht sein«, sagte er. »Frau [das war seine Frau] wird aus Kartons vom Kaufmann die hübschesten Sachen machen.« Ich glaubte Ebenezer. Er stellte nämlich seine Weihnachtskarten mit Hilfe einer Zickzackschere aus den Weihnachtskarten des Vorjahrs her.

Wir verloren den Kontakt – kein Wunder bei den Portokosten –, aber ich frage mich oft, wie es ihm geht. Sein Sohn muß jetzt zehn sein. Ich wette, daß Frau eine tolle Zeit damit hatte, aus Pappschachteln Spielzeugautos zu basteln.

Wenn Sie dies lesen, während Sie auf die Geburt Ihres ersten Kindes warten, haben Sie vielleicht ein gewisses Verständnis für Ebenezers Philosophie. Möglicherweise haben Sie schon Ihren Blick über die langweilige Generation schweifen lassen, die mit Videospielen und Barbies Traumvilla aufgewachsen ist, und sich geschworen, Ihre Familie vor diesem Irrweg zu bewahren. Vielleicht besitzen Sie sogar eine Zickzackschere?

Immer mit der Ruhe. Lassen Sie sich nicht mitreißen von dem Gedanken an das Geld, das Sie sparen werden. Lassen Sie sich von mir etwas über Kargheit in der Spielkiste erzählen. Sie ist ungefähr ein Jahr praktikabel. Dann folgt der Angriff auf Ihr Portemonnaie.

In den ersten sechs Monaten seines Lebens wird Ihr Sohn mit seinen Zehen, seinen Fingern und allem, was er von Ihnen greifen kann, spielen. Dann lernt er, ohne Hilfe zu sitzen. Das ist ein Moment von ziemlicher Tragweite. Sobald man sitzen kann, wird das Leben bunter. Papa kann das Kind absetzen, wenn das Telefon klingelt, der Hund kann es umstoßen, *und* es kann mit Dingen spielen, an die es herankommt. Alles Ungefährliche ist in diesem Alter als Spielzeug geeignet. Ihr Sohn ist durchaus zufrieden mit einem Holzlöffel, einem Topfdeckel und einer Handvoll Sicherheitswäscheklammern. Sie dürfen nur nicht vergessen, daß er alles in den Mund steckt und sich langweilt, wenn er nicht unter vielen Sachen auswählen kann.

Geraten Sie dann in Versuchung, mit dem Kaufen anzufangen, und schauen sich in den Spielwarengeschäften um, so werden Sie feststellen, daß die Hauptmerkmale Plastik in leuchtenden Farben und vielseitige Verwendbarkeit sind – das *Und* feiert wahre Triumphe. Zum Beispiel ein Teddytelefon, das klingelt *und* eine Sparbüchse ist. Oder ein Pferdchen, das quietscht *und* einen Karren voller ABC-Bauklötze zieht. Klingel & Spar. Quietsch & Bau. Ganz zu schweigen von Stapel & Umschmeiß, Sitz & Fahr und dem unsterblichen Favoriten, Kreisch & Schreck, besser bekannt unter dem Namen Schachtelteufel. Wenn Sie Bela keinen kaufen, wird es jemand anderer tun. Geschieht dies, so sehen Sie zu, ob Sie das Kreischen wegkriegen, ohne Bela zu traumatisieren.

Was andere Leute Ihrem Baby kaufen, kann recht wichtig sein, besonders wenn es sich um Leute handelt, die zu seinem Leben gehören wie Paten und verwitwete Tanten. Einige von ihnen zeichnen sich vielleicht durch schlichtes und selbstloses Geben aus – hinterlegen ein Dreihundertliterfaß Portwein oder ändern ihr Testament. Wenn Sie sich in solchen Kreisen bewegen, sollten Sie derartiges Verhalten fördern. Die schlimmsten Geschenkemacher sind die, die nie was mit Kindern zu tun hatten und eventuell selbst keine waren. Sie glauben irrtümlicherweise, daß sie Kinder mögen und verstehen. Das sind die Leute, die Lätze mit der Aufschrift Ich bin ein kleiner Satansbraten lustig finden. Es sind auch diejenigen, die Kuschelspielzeug kaufen.

Nun bin ich kein schwieriger Mensch. Ich habe nichts gegen ein, zwei Teddys. Aber diese Leute neigen zum Rundumschlag und kaufen sich kreuz und quer durchs Tierreich. Ich habe sogar schon Kuschelbananen gesehen. Um ganz ehrlich zu sein, wir haben eine. Sie liegt irgendwo ungeliebt herum. Manche Leute kaufen schlichtweg alles. Ich schwöre, wenn jemand Kuschelbandwürmer auf den Markt brächte, würden Patenonkel und unverheiratete Tanten Schlange stehen, um sie zu erwerben. Schlimmer noch, sie lassen sich von schierer Größe verführen. Sie meinen, wenn ihr Neffe mit einem Dreißigzentimeter-Teddy glücklich sei, geriete er in einen Freudentaumel über einen, der einsfünfzig mißt. Da liegen sie falsch. Einsfünfzig-Teddys sind für große Mädchen, die nie erwachsen werden wollen. Kleinere Teddys sind für Kinder, die einen Freund brauchen, wenn das Leben hart wird.

Es könnte sein, daß Sie sich von einem Mobile in Versuchung führen lassen. Wir haben alle unsere schwachen Momente. Ich weiß nicht genau, woher diese entsetzliche Idee kommt, aber ich glaube, die Spur führt nach Schweden.

Ich habe die ersten Monate meines Lebens damit verbracht, cremefarbene Innendispersion und Elektrogeräte aus schwarzem Bakelit zu betrachten. Und Sie auch, es sei denn, Sie gehören zu den sehr jungen Eltern. Es mag den einen oder anderen Exkurs ins Exotische gegeben haben – einen Morgen im Kinderwagen unter Blüten oder ein schnelles Nachhausegeschobenwerden unterm Sternenhimmel, wenn meine Eltern jemanden besucht hatten, aber ich kann mit Gewißheit sagen, daß ich nie einem Mobile ausgesetzt war.

Mobiles sind ein Teil der Vorstellung, Sohnemann würde Ihnen die Nonstop-Anregung in jungen Jahren damit danken, daß er sich zum Genie entwickelt. Nehmen wir mal an, das sei wahr. Legen Sie wirklich Wert auf ein Genie? Wollen Sie noch mehr Kinder haben? Und was meinen Sie, wie vielen Genies Sie gewachsen sind? Nehmen wir nun an, daß die unausgesetzte Anregung von Babys keine solchen Erfolge zeitigt. Nehmen wir an, sie würde dasselbe bewirken wie bei Ihnen und mir – nämlich die Kinder müde und gereizt machen. Ist es da ein Wunder, daß die jungen Leute heutzutage so übersättigt scheinen? Sie sind angeregt worden seit dem Tag, an dem sie sich auf den Rücken gedreht und aufgeblickt haben. Mein Rat: Führen Sie die cremefarbene Dispersion wieder ein. Und eine Stunde unterm Fliederbusch, wenn es draußen schön ist. Okay. Ich würde sagen, die Klimperdinger, die der Wind bewegt, sind gerade noch zulässig. Gerade noch.

Aber wenn Sie wollen, kommen Sie im ersten Lebensjahr Ihres Sohns ohne Käufe über die Runden. Und wenn Sie etwas kaufen, wird es Ihnen mehr geben als ihm, der vollauf zufrieden ist mit einer leeren Saftflasche, der Katze und Ihrem Gesicht.

Während des zweiten Lebensjahrs passiert mehrerlei mit Ihrem Sohn. Er wird sehr mobil und zeigt Vorlieben und Abneigungen, ohne so sprachgewandt zu sein, daß er begründen kann, was er empfindet. Darum geht's auch bei all dem Geschrei. Tag für Tag nehmen die Möglichkeiten zu, und das spiegelt sich wider in der Kluft zwischen dem, was er tun möchte, und dem, was Sie ihm als älterer Mensch und Respektsperson erlauben können.

Wenn er sich frei bewegt, sieht die Welt erst mal so aus wie ein riesiges Kaufhaus. Er würde mit Wonne den ganzen Tag damit verbringen, Sachen über sich zu ziehen, Sachen in Steckdosen zu stecken und festzustellen, wieviel Sachen vom Boden hochhüpfen. Das Spielzeug für diese Altersgruppe ist daher so gestaltet, daß es Ihren Sohn von seinem Selbstzerstörungsdrang ablenkt. Bei uns spricht man von den *Terrible Twos*, und wenn Sie wissen, daß *two* »zwei« heißt und *terrible* »furchtbar«, können Sie sich's leicht selbst übersetzen. Der Grund für Barnabys Terribilität ist der, daß Sie ihm ein Roll & Flieg-Wohnmobil, das ein Lieferwagen, der ein Kipper, welcher ein Jet ist, gekauft haben, und er in Wirklichkeit die Tapete von der Wand hinter Ihrem Sessel reißen und die Telefonschnur verzehren will. Daran sollten Sie denken, bevor Sie zum Einkaufen gehen. Zweijährige sind von ihrer Bestimmung so schwer abzubringen wie Ziegen, und diese Bestimmung ist, sich alles einzuverleiben und alles kaputtzumachen.

Eine der wenigen Aktivitäten, für die Sie Barnaby interessieren können, wird das Schieben sein. Jedes Kind, das gehen gelernt hat, schiebt gern irgend etwas auf Rädern herum. Es kann ein Kinderwagen, eine Schubkarre oder ein alter Spielzeug-Lkw sein. Was immer es ist, Barnaby wird alles mögliche reintun, sich selbst eingeschlossen, und Stunden damit verbringen, es gegen Beine zu fahren. Empiresekretär-, Chippendalestuhl-, Tier- und Menschenbeine. Sie sollten sich mindestens eines von diesen Schieb & Rumsbums-Fahrzeugen zulegen. Die Rechnung geht wie folgt: Ist die Summe der Fahrzeuge um die Zahl 1 größer als die Summe der gewöhnlich anwesenden Sprößlinge, so wird eines von den ersteren bis zu dem Tag vernachlässigt und ignoriert herumstehen, an dem sich ein freundliches Kind zu Besuch erbarmt und seine Hand hebt, um den Staub von ihm abzuwischen. In diesem Moment werden es alle anderen Kinder mehr ersehnen als alles andere auf der Welt. Sie werden sich auf den Boden werfen und die Luft anhalten, bis sie's kriegen. Was genau Beelzebubs Gesetz der umgekehrten Proportionalität von Verfügbarkeit und Wert entspricht.

Für diese Altersgruppe gibt es auch Spielzeug, das Ihren Sohn von Ihrem Werkzeugkasten und Ihren Haaren fernhalten soll. Dies sind die sogenannten kleinen Nothelfer. Sie können Bügel- und Armaturenbretter, Teeservice, Hoch- und Tiefbaugerät sowie eine Formguß-Partyküche bekommen, komplett mit Vier-Kochplatten-Herd und klickenden Knöpfen, großer Spüle, Klapptisch, Gewürzregal und Handtuchhalter – was könnte ein Jungenherz mehr begehren?

Das Problem mit all diesen Dingen ist, daß sie nur schöner Schein sind. Und der durchschnittliche Zweijährige will *richtig* einsteigen, samt den fettigen Töpfen und dem ausgefransten Kabel und der stumpfen Schere, die Sie für den Fall aufbewahrt haben, daß Sie je wieder so töricht sind, Ihren Teppichboden selbst zu verlegen. Wenn Sie also einen echten kleinen Nothelfer brauchen, dann kaufen Sie ein Teeservice. Es ist grenzenlos vielseitig, und sofern Sie in Ihrem Garten ein paar Quadratmeter Matsch haben, bringt es drinnen wie draußen Spielspaß ohne Ende.

Vielseitigkeit ist wichtig. Bei den meisten Spielwaren können Sie die allerdings vergessen. Ein Roboter, der eine Schultafel, ein Sortiergerät und ein Rechengestell ist, ist halt nichts weiter als ein Roboter, der eine Schultafel ... Kann er als Funkgerät verwendet werden, wenn man Weltraumfahrt spielt, und kann man sich draufstellen, wenn man an etwas Interessantes auf einem hohen Bord rankommen will, *dann* ist er vielseitig.

Hier eine Faustregel: Besteht es aus buntem Plastik und wird es als pädagogisch wertvolles Mehrzweckspielzeug angepriesen, so ist es das vermutlich nicht. Aber lassen Sie den Kopf nicht hängen. Vielleicht zeigt Ihnen Ihr Kind die wahre Bedeutung des Mehrzwecks. Wäre es Ihnen eingefallen, aus sämtlichen Kissen und Polstern des Hauses ein Trampolin auf einem patschnassen Rasen zu bauen und erst dann einen Erwachsenen um Erlaubnis zu bitten? Mir auch nicht. Aber es war eine echte Mehrzweckgeschichte. Wir lernten etwas in bezug auf Trampoline, Nässe und die Lautstärke zorniger Stimmen. Wir erkundeten auch das heikle Problem der Leibesstrafen. Und das ganz ohne Spielwarengeschäft.

Sie werden außerdem merken, daß das, womit Ihr Kind gesehen wird, auf Sie zurückstrahlt. Sie wollen sicher nicht, daß die Leute meinen, es fehle Ihnen an Ernsthaftigkeit. Vermeiden Sie Geschlechter- und Ausländerstereotype? Ist Ihnen am guten Design gelegen? An Sachen aus glattem, naturfarbenem Holz, die ewig halten? Das war bei mir auch mal so. Einer der Gründe dafür, daß diese Sachen ewig halten, ist der, daß Bela jeden Tag übern Zaun steigen wird, um im Nachbargarten mit Leilas Plastikschlümpfen zu spielen. Ich bewahre all unser Holzspielzeug für die Enkel auf.

Wenn Sie Barnaby eine handgeschnitzte Arche Noah kaufen, wird er sofort unzertrennlich von etwas Billigem und Vulgärem vom Flohmarkt-Grabbeltisch sein. Er wird darauf bestehen, es überallhin mitzunehmen, besonders zu Geburtstagen von Kindern, deren Eltern Anthroposophen sind, und es weder im Bus noch in der Straßenbahn vergessen. Sie müssen Ihr Gefühl der Demütigung entweder runterschlucken, bis diese Phase vorbei ist, oder versuchen, das Ding für ihn zu verlieren. Verlieren Sie's aber nicht bei den Anthroposophen, denn die werden sich genau daran erinnern, wem es gehört, und es postwendend an Sie zurückschicken.

Und Bücher. Natürlich wollen Sie, daß Barnaby eine Vorliebe für gute Bücher entwickelt. Vielleicht haben Sie schon ein paar von den besten ausgesucht. Bücher mit klaren, ansprechenden Illustrationen und Texten, die nicht läppisch sind. Bücher wie ›Peter und Papa bügeln ein Hemd‹. Ich hoffe, Sie haben Ihre Freude daran. Ihr Sohn zieht bestimmt etwas Billiges, Sexistisches mit vielen vielen Häschen vor. Er wird ein Lieblingsbuch haben. Er wird es anschauen, bis beide Deckel ab sind, und Sie jedesmal fragen, ob ihn der Wolf fressen kann und warum das Mädchen ein rotes Käppchen aufhat.

An diese Sorte Bücher kommen Sie leicht. Sie treffen in Tüten voller Sachen ein, von denen die Leute meinen, Sie müßten darüber jubeln. Strickjäckchen mit verfilzten Ärmeln, elektrische Fläschchenwärmer ohne Stecker und Märchensammlungen von so ausgesuchter Scheußlichkeit, daß Ihnen die Augen tränen. Aber beruhigen Sie sich. Durch eine kurze Begegnung mit Enid Blyton wird Ihr Kind nicht fürs ganze Leben gezeichnet sein. Es ist kein guter Anfang, aber es heißt nicht unbedingt, daß Barnaby ›Krieg und Frieden‹ nie zu Ende lesen wird. Übrigens – was ist Ihre Ausrede in diesem Fall?

Sie sind jetzt ungefähr im dritten Elternjahr. Na, ist die Zeit nicht wie im Flug vergangen? In diesem Jahr kann Ihr Kind beginnen, die Welt vor der Tür zu entdecken. In diesem Jahr kommt er so richtig zu Stimme und Muskeln, und wenn Sie nicht wollen, daß er Ihre Samtvorhänge hinaufklettert und über Ihr Polstersofa rennt, dann empfehle ich Ihnen, in etwas zu investieren, das seine Kräfte im Freien beansprucht.

Ich sage Ihnen zuerst, womit Sie nichts anfangen können. Mit allem, das im Geräteschuppen gesucht, zusammengebaut und jedesmal, wenn jemand es benutzen will, vom TÜV auf Sicherheit geprüft werden muß. Wir sprechen hier von Dauerhaftem. Von Schraubenmuttern, Bolzen und Beton und einem kleinen Stück in Ihrem Garten, dem Sie Ade sagen. Legen Sie sich eine Schaukel oder ein Klettergestell oder eine Rutsche zu. Wenn Sie genug Platz und Geld haben, besorgen Sie die ganze Trias. Und lassen Sie sie fachmännisch montieren. Sie wird Barnaby auf Jahre hinaus unterhalten.

Der Nachteil ist, daß dies schnell die Runde macht und Sie vom Morgengrauen bis zum Angehen der Straßenbeleuchtung von sämtlichen Kindern der Nachbarschaft heimgesucht werden. Dasselbe passiert, wenn Sie einen Sandkasten haben. Also haben Sie keinen. Selbst wenn Sie ihn mit einer Plane zudecken, die über eine hochsensible Alarmanlage verfügt und 220-Volt-Stromschläge austeilt, werden alle Hunde, Katzen und Gürteltiere Ihres Landkreises hineinsteigen und ihn als Toilette mißbrauchen. Halten Sie sich an schlichtes und zuverlässiges Spielplatzgerät und schrecken Sie unerwünschten Besuch mit drohenden Blicken ab.

Ebenfalls empfehlenswert ist, jedenfalls in der wärmeren Jahreszeit, ein Zelt. Ich meine nicht eines von den Spieldingern aus dünnem Stoff, die man über einen Plastikrahmen wirft in der Hoffnung, der Wind werde es nicht wegwehen, bevor sich die Kleinkinder reingequetscht haben. Ich meine ein richtiges Zelt. Geben Sie Ihren Sprößlingen also ein Zelt, ein Teeservice und ein paar schiebbare Fahrzeuge, und Sie werden den ganzen Tag nichts von ihnen hören.

Und das Allerbeste? Ist ein Baum. Nicht die Japanische Zwergtrauerkirsche, die Sie vorigen Monat gepflanzt haben. Sondern ein vernünftiger Baum, der älter ist als Sie. Dafür müssen Sie vielleicht umziehen. Aber was Sie wollen, ist ein Baum, der so groß und gesund ist, daß man auf ihm spielen kann. Eine Strickleiter ist gut. Ebenso ein alter Autoreifen mit Seil. Und ein Baumhaus ist *absolute Spitze.* Ich würde sagen, es ersetzt mehrere Ritterburgen, einen ferngesteuerten Formel-Eins-Rennwagen, ein siebenstöckiges Barbie-Motel und noch einige andere Dinge.

Weiteres Freiluftspielzeug wie Motor- und Dreiräder ist lästig, aber wichtig. Sie brauchen immer eines pro Kind, sonst fährt ständig das mit den kräftigsten Ellenbogen, und die übrigen legen sich ihm in den Weg und kreischen. Bei Sachen auf Rädern habe ich mehr Blutvergießen erlebt als bei allem anderen Spielzeug.

Natürlich wird Barnaby, selbst wenn er einen gut ausgestatteten Abenteuerspielplatz vor der Tür hat, von Zeit zu Zeit ins Haus kommen wollen, um sein Hemd zu wechseln und zu schauen, wie es den alten Herrschaften geht. Darf er dann fernsehen, so setzen Sie ihn nicht zuviel Werbung aus. Jeder Spruch, der sich auf Produkte für Kinder bezieht, wird sich nämlich tief in sein Gedächtnis eingraben, und er wird Sie löchern, bis Sie das Zeug gekauft haben.

Sobald Barnaby der Phase entwächst, in der er alles, was kleiner als ein Fußball ist, zu schlucken oder in die

Nase zu stecken versucht, tut sich die Welt der Spielwaren vor Ihnen auf. Ein Abgrund, gefüllt mit überteuertem und schlampig fabriziertem Tand. Ich rate Ihnen, fallen Sie lieber mit Umsicht und Würde hinein, statt so zu tun, als fielen Sie gar nicht.

Ich biete Ihnen jetzt eine rasche Führung durch diese Grotte der Alpträume an. Danach haben Sie reichlich Zeit, sie selbst zu erkunden. Sie werden mindestens zehn Jahre lang durch sie irren müssen. Und am Ausgang erwarten Sie CD-Player, Teenagerschwangerschaften und richtige Motorräder. Also überstürzen Sie nichts.

Das erste, wovor Sie sich hüten müssen, sind Sachen mit dem Zusatz »Kinder«. Kinderschreibmaschinen, Kindernähmaschinen und Kinderzimmermannsbaukästen sind rausgeschmissenes Geld. Ist Barnaby geschickt und interessiert genug, um tippen, nähen oder hämmern zu wollen, so sind Sie besser bedient, wenn Sie ihn den einen oder anderen Nachmittag bei einem sachverständigen und freundlichen Erwachsenen abgeben und ihn einen Versuch mit echtem Werkzeug machen lassen. Der Kinder-Kram weckt bloß unvernünftige Erwartungen und frustiert ihn, wenn er seine Finger mit dem Stoff vernäht und es nicht schafft, das Ballkleid zu schneidern, das er Ihnen versprochen hat.

Dann sind da die Kleinindustrien. Eine wird auch über Sie hereinbrechen. Die Frage ist nur, welche. Für jede neue Figur, die kreiert wird, gibt es haufenweise Accessoires, und die dürfen Sie alle kaufen. Ob Diamantenbarbie oder Weltraumkrieger – sie zehren Ihre gesamten Ersparnisse auf.

Für Barbie kaufen Sie vielleicht eine Spielterrasse mit Schiebetüren, eine Traumküche (der Barbie selbst bezeichnenderweise nicht beigepackt ist) und ein Fitneß-Heimstudio mit Schminkbereich und dazu passendem Muskelmann. Wenn Sie sich für Krieger entscheiden, haben Sie ebenso die Qual der Wahl. Abgesehen von den Krieger-Sturmfahrzeugen, den subterrestrischen Klapperschlangen und der teuflischen Bergfestung aus teuflisch bemalter Pappe wird es ein Brettspiel geben, einen einfachen Bettvorleger, einen Bettvorleger, aus dem man ein Brettspiel machen kann, sowie ein Krieger-Zahnpflegeset, bestehend aus Zeitgeber & Zahnbürste. Sehen Sie! Da sind Sie dem Kinder-Kram ausgewichen und unversehens wieder bei den Accessoires gelandet.

Die Spielzeugerfinder haben es wirklich faustdick hinter den Ohren. Sie wissen, daß Kinder mit einem bißchen Nachhilfe genauso habgierig und leicht zu leimen sind wie Erwachsene. Lassen Sie sich eine Figur einfallen, und mit der können Sie dann *alles* verkaufen – vom Picknickkoffer bis zum Sechserpack Partyhüte. Sie lauschen hier einer Frau, die jahrelang Rückzugsgefechte gegen Barbie und Konsorten geführt hat. Ich kenne ganz normale, liebenswerte Menschen, die wegen Barbies Pferd, Barbies Hund, Barbies Grill und Swimmingpool und der Kisten und Kasten voll Barbies Freizeitkleidung ihr eigenes Haus nicht mehr betreten können. Niemand verläßt die Grotte der Alpträume mit leeren Händen.

Aber es gibt auch Dinge, die kaufenswert sind. Papier und Farbe – unerschöpflich gut. Fürs Malen auf Haut, Stuhlbezügen und Tischbeinen sind Filzschreiber am besten. Und Gesichtsbemalung ist die reinste Hexerei. Trotz allem, was auf dem Etikett steht, geht sie nur mit pfundweise Seife und einer harten Nagelbürste wieder ab, aber es macht großen Spaß, sie aufzutragen.

Auch Modelliermasse sollte man haben. Wählen Sie eine, die nicht zu penetrant riecht, und versuchen Sie, sie in einer Farbe zu bekommen, die zu Ihrem Teppich paßt. Sie können sogar selbst welche machen. Ich finde zwar, das Leben ist zu kurz für solche Eseleien, aber wenn Sie's unbedingt wissen müssen: Sie brauchen ungefähr ein Pfund Mehl, eine Handvoll Tafelsalz, einen Klacks Farbe – Lebensmittel- oder Pulverfarbe – und ausreichend billiges Speiseöl. Diese Ingredienzien vermischen Sie, bis ein form- und knetbarer Teig entsteht.

Den können Sie in Klarsichtfolie im Kühlschrank verwahren. Er hält sich eine ganze Weile.

Auch Puppen sind unerläßlich. Selbst wenn Sie fünf Söhne haben. Es spielt keine Rolle, wie häßlich und übel zugerichtet die Puppen sind. Wenn sie ursprünglich Kleider anhatten – okay. Sie werden alle gleich enden: nackt und mit einem Bein weniger. Batteriebetriebene Puppen lohnen die Anschaffung nicht, denn niemand spielt mit ihnen, ehe sie den Initiationsritus hinter sich haben, kraft dessen sie die Batterie, die Kleider und das linke Bein verlieren. Wenn sie dann wie die anderen aussehen, liebt man sie und steigt auf ihnen herum.

Puppenhäuser sind dagegen wie Modelleisenbahnen, Billardtische und Miniaturbauernhöfe am besten bei Oma aufgehoben. *Sie* kann sich dann um all die Kleinigkeiten kümmern, die Spielzeug erst schön machen; und die Anlässe zum Spielen werden so selten sein, daß Ihre Sprößlinge es immer zu schätzen wissen und gerne daran zurückdenken.

Was halten Sie von Spielzeugwaffen? Meine Kinder sollten keine haben. Als meine kleine Tochter zum erstenmal eine sah, wollte sie sie so unbedingt, daß sie zum Morden bereit war. Schließlich duldete ich ein, zwei Pistolen im Haus. Und Pfeil und Bogen und Schwerter. Sie meinen vielleicht, ich sei unnötig lax gewesen, aber ich dachte mir, daß meine Kinder ihre moralische Einstellung selbst entwickeln sollten. Schließlich sanken die Schießeisen mitsamt dem linken Puppenbein und der Batterie auf den Grund der Spielkiste.

Mit dem, was von Ihrem Geld noch übrig ist, würde ich Spiele, Puzzles und Klamotten zum Verkleiden kaufen. Sie können gar nicht genug Pumps haben, am besten solche für Partys mit viel Glitzer und Glimmer. Krankenschwestertrachten und Spiderman-Gewänder sind schön und gut, aber ein Sackvoll alter Hüte, edelsteinbesetzter Schuhe und Batman-Umhänge ist unschlagbar. Ein Teeservice, ein Fladen Plastilin an der Sohle eines Silberschuhs und ein wallender Umhang sind das, was sich Vierjährige unter *Paradies* vorstellen.

Und noch ein letztes Wort. Machen Sie sich nicht zuviel Gedanken über pflegeleichte Ablagemöglichkeiten. Sorgen Sie auf jeden Fall dafür, daß Ihre Kinder alles wegräumen, bevor sie ins Bett gehen. Am Morgen eine Spielkiste auszukippen und zu sehen, was einem als erstes vor die Füße fällt, ist eine der größten Freuden im Leben. So kann der Batman-Umhang an dem Tag, an dem Barnaby die Rollschuhe findet, der wohlverdienten Ruhe pflegen.

Es gab Zeiten, da hätten Spielgruppen keine Interessenten gefunden. Es gab Zeiten, da stopfte und mangelte und flickerlteppichte Muttern den lieben langen Tag, und selbst wenn es so was gegeben hätte wie Aktivitäten für Vorschulkinder, hätte sie nicht die Muße gehabt hinzugehen.

Ich kenne einige Überlebende dieser harten Vergangenheit. Und ihre Kinder. Angenehme Leute mittleren Alters, die ohne das feuerrote Spielmobil aufgewachsen sind. Ich habe mich oft gefragt, wie ihnen eine Spielgruppe bekommen wäre.

Man erzählt uns, der kluge Umgang mit jenen frühen Jahren werde im späteren Leben phantastische Folgen zeitigen. Das Kind, das den Kindergarten oder auch nur eine bescheidene Krabbelgruppe durchlaufen habe, sei geistig und sozial entschieden besser für die Schule gerüstet. Erzählt man uns. Und da wir alle nicht wollen, daß unsere Kinder zu einem Dasein der stumpfsinnigen Unfähigkeit verdammt sind, tun wir, was wir können, um sie an die Spitze zu hieven. Wir hören finstere Geschichten von den halbgebildeten Horden, die die Schule jedes Jahr ausspeit, und so greifen wir zu den ABC-Bauklötzen. Wir begeben uns ins Gemeinschaftshaus und melden Randolph für alles an, was geboten wird. Wenn am Nachmittag irgendwo Kinder sitzen und die Grundbegriffe der euklidischen Geometrie pauken, wollen wir doch nicht, daß jemand aus unserer Familie den Anschluß verpaßt, oder?

Sie mögen andere Gründe haben, Randolph anzumelden. Vielleicht sind Sie einsam oder langweilen sich. Vielleicht haben Sie – mit vollem Recht – das Gefühl, daß Sie wieder mal unter Menschen müssen. Vielleicht sind Sie auch nur zu feige, um der penetranten Nachbarin nein zu sagen, die an Ihre Tür klopft und die Werbetrommel für die Spielgruppe rührt. Das sind alles verständliche und verzeihliche Gründe dafür, daß Sie sich involvieren lassen. Aber wenn Sie glauben, indem Sie sich bei Wind und Wetter einfinden, um der kollektiven Fußbemalung zu frönen, sicherten Sie Robert einen oberen Tabellenplatz in der Bundesliga des Lebens, irren Sie sich sehr. Ich darf Ihnen verraten, was wirklich läuft bei Vorschulaktivitäten.

Zunächst qualifizieren Sie sich für eine Krabbelgruppe. Krabbelgruppen werden von unternehmungslustigen Müttern mit Kleinkindern organisiert, und wenn es bei Ihnen in der Gegend noch keine gibt und Sie sich wünschen, es gäbe eine, können Sie eine gründen. Die Beteiligung am Aufbau einer solchen kann etwas Wunderbares sein. Sie kommen mit anderen Leuten ins Gespräch, Sie kommen aus Ihren vier Wänden raus, und es verlangt Ihnen alle diplomatischen und organisatorischen Fähigkeiten ab, über die Sie gebieten.

Nun sind Krabbelgruppen allerdings nicht für Kleinkinder da. Wenn Sie eines haben, können Sie's mitbringen. Sie brauchen nicht mal zu warten, bis es krabbelt. Falls Sie das nötig haben, kann es schon mitkommen, wenn es einen Monat alt ist, aber Sie dürfen nicht vergessen, was für einen unangenehmen Eindruck von der Gesellschaft Sie ihm vermitteln, und das in so zartem Alter.

Bei der Krabbelgruppe gibt es Stühle für die Mütter, haufenweise Spielzeug für die Kinder und zur Halbzeit Trinkbares und Gebäck. Laut zugehen wird es auch. Sie mögen so berauscht sein von all den vielen mitmenschlichen Kontakten, daß Sie Ihre Kopfschmerzen nicht bemerken, aber Randolph wird die seinen sehr wohl bemerken. Außerdem werden seine Nerven bloßliegen, weil er billigen Orangensaft getrunken hat und einem Raum voll Knaben begegnet ist, die genauso ungehobelt sind wie er selbst.

Das Ganze ist ein Müttertreff, der unter falschem Namen firmiert. Ich gebrauche das Wort *Mutter* im weitesten Sinne. Wenn Sie Vater sind, können Sie genauso mitmachen. In den ersten sechs Monaten wird frau Sie vorsichtig behandeln, aber schließlich werden alle genau auftauen, um vor Ihren Augen zum Krampfadervergleich zu schreiten, und ehe Sie sich's versehen, werden sie Sie einen Kaufladen bauen lassen.

Aber wir dürfen die leidenden Massen nicht vergessen. Kleinkinder sprechen nicht miteinander, und sie spielen nicht miteinander. Für Konversation und Kooperation sind sie noch viel zu jung. Sie grapschen und kreischen und rasen und beißen und machen Pipi und Schlimmeres. Das tun sie den ganzen Nachmittag, und ihre Mütter reden und reden und vergessen alles darüber. Wenn Sohnemann da nicht aufpaßt, was läuft, kann er sich nur noch unter Mamas Stuhl verkriechen und sehr, sehr intensiv am Daumen lutschen.

Krabbelgruppen sind besonders beliebt bei Müttern mit Einzelkindern. »Ich möchte, daß er anderen Kindern begegnet und teilen lernt«, erklären sie.

Nun, anderen Kindern wird er sicher begegnen. Er wird feststellen, daß sie, wie er, Rotznasen haben, ausgebeulte Hosen tragen und ein bißchen wacklig auf den Beinen sind. Sonst aber könnten sie genausogut vom Mars kommen. Sie riechen anders, sie bedienen sich eines anderen Lautsystems, und sie verstehen ganz einfach nicht, daß ein Knabe, der eine Bimmelbahn zieht, die nicht hergeben möchte.

Teilen lernen wird er nicht. Er wird lernen, daß manche Kleinkinder größer sind als andere und auf Kosten der übrigen kriegen, was sie wollen. Das mag eine nützliche Lehre fürs Leben sein, aber mit Teilen hat es absolut nichts zu tun.

Kleinkinder sind wankelmütige Geschöpfe. Wenn sie einen Raum mit vielen Dingen vor sich sehen, rennen sie vom einen zum andern, möchten alles haben und halten es bei nichts lange aus. Ist Randolph allein, so verbringt er den ganzen Nachmittag mit *einem* Spielzeug, versunken ins monotone Auftürmen und Umstoßen von Bauklötzen. Und danach ist er auf kleinkindmäßige Weise ruhig und zufrieden. Aber wenn er den ganzen Nachmittag bei der Krabbelgruppe um sein Leben gekämpft hat, ist er überreizt und unsicher und kann nur noch schnell was trinken und dann ab ins Bett.

Ich sage nicht, daß Sie nicht hingehen sollen. Die Vorteile für Sie überwiegen vielleicht die Nachteile für ihn. Ich weiß noch, wie hilfreich (*und* strapaziös) die Gesellschaft von anderen Eltern sein kann. Aber ich habe die Erfahrung gemacht, daß eine kleine Gruppe besser ist. Nicht mehr als vier Erwachsene und die dazugehörigen Sprößlinge. Es nervte weniger, wenn ich's auf eine überschaubare Größenordnung reduzierte, und ich hatte mehr Spaß daran, wenn ich nicht erwartete, daß ich die Kinder von allen mögen würde, sondern es dabei beließ, mich mit ihnen abzufinden.

Wenn Ihr Sohn drei wird, kommt er für etwas Ambitiöseres in Frage. Für den Kindergarten oder eine Spielgruppe.

Kindergärten sind von Profis oder Semiprofis geführte Einrichtungen. Manchmal kosten sie entsetzlich viel Geld. Es gibt dort eine große Garderobe und klassenzimmerähnliche Räume. Wenn Sie Ihren Sohn ein, zwei Jahre vor der Einschulung in den Kindergarten schicken, wird ihn die Schule nicht mehr überraschen. Er kann seinen Namen schreiben und ein paar Zahlen aufsagen. Er hat Krokodile aus Eierkartons gemacht, kleine Kresse- und Blumenbeete angelegt. Auch seine Schuhe kann er zubinden, und ich sehe nur das Problem, daß er in den ersten beiden Schuljahren herumhängt, während die anderen aufholen. Es ist ein bißchen so, als hätten Sie ihn mit einem Porsche das Fahren lernen lassen und ihm nach der Prüfung einen Kleinwagen gekauft.

Kindergärten verlangen ziemlich viel von den Kindern, und es hat zwar etwas Beeindruckendes, wenn Vierjährige ihre Malschürzen an den richtigen Haken hängen und in geordneten Zweierreihen in den Park tappen, aber es macht mich auch nervös. Vierjährige tun alles mögliche gern. Bauen sich eine Höhle aus den Kissen der dreiteiligen Sitzgruppe, schlafen den ganzen Nachmittag, sitzen auf einem Hochstuhl, sehen jemandem beim Teigausrollen zu und fragen, ob der Himmel größer ist als ein Lastwagen und warum manche Frauen Haare im Gesicht haben. Meine Kinder und ich sind erst, als sie fünf waren, zum Krokodil aus Eierkarton gekommen. Ich hoffe, es geht trotzdem gut aus.

Eine Spielgruppe ist etwas anderes als ein Kindergarten. Wie die Krabbelgruppe verdankt sie ihre Existenz der Energie von engagierten Eltern, und wie jede sich selbst tragende Institution ist sie immer begierig auf frisches Blut. Gibt es eine Spielgruppe in Ihrer Gegend und sind Ihre Kinder im richtigen Alter, so werden Sie es schwierig finden, ihr nicht beizutreten. Denn wenn Sie's lassen, verbreitet sich höchstwahrscheinlich die Kunde, daß Sie einer obskuren Sekte angehören oder an chronischen Ekzemen leiden. Und wenn Sie mitmachen, sind Sie im Nu vereinnahmt.

Bloß zahlen, was zu zahlen ist, und dann mitnehmen, was geboten wird – das geht nicht. Die Spielgruppe ist ein arbeitsintensiver Mikrokosmos. Alles, was sie besitzt und leistet, kommt aus eigener Kraft, und so kann sie keine Drohnen dulden. Sie müssen die Ärmel aufkrempeln und Arbeitsbiene sein. Die Spielgruppe kann allenfalls zu viele Königinnen haben.

Wenn Sie Randolph zum erstenmal mitschleppen, werden Sie die Bienenkönigin leicht erkennen. Sie hat eine hohe, aufgeregte Stimme, einen Bleistift hinterm Ohr und irgendwo eine Ersatzkinderunterhose bei sich. Bienenköniginnen sind starke Frauen. Sie haben feste Ansichten im Hinblick auf Kinder und noch festere im Hinblick auf Eltern. Die durschnittliche Spielgruppe hat nur für *eine* Königin Platz – und für eine Stellvertreterin, falls die

Königin an Kehlkopfentzündung erkrankt. Ich habe schon erlebt, wie Thronräuberinnen, voll von Montessori-Fernlehrkursweisheiten, angesummt kamen, und ich habe erlebt, wie sie gestochen wurden, bis sie schwiegen.

Wenn Sie's schaffen, Ihren Sohn gleich in die Gruppe zu kriegen, kann er mit drei oder dreieinhalb anfangen. Gibt es eine lange Warteliste, so geraten Sie nicht in Panik. Es handelt sich um keine Eliteschule. Ich würde sagen, es reicht auch, wenn Randolph mit vier anfängt.

Am ersten Spielgruppentag wird er Ihnen ein sofortiges Feedback bezüglich seiner emotionalen Reaktionen geben. Entweder rennt er los und hüpft in den Sandkasten, ohne den Reißverschluß seines Anoraks aufzuziehen, oder er flüchtet sich in Ihre Arme und hängt an Ihnen als schluchzende Klette, bis Sie mit ihm nach Hause gehen.

Wenn er ersteres tut, wird man Sie fragen, ob Sie bleiben möchten und wie viele Löffel Zucker Sie in den Kaffee nehmen. Wenn er letzteres tut, wird ihn die Bienenkönigin von Ihnen loshebeln und Ihnen sagen, Sie sollten sich ein, zwei Stunden an einen Ort begeben, wo Sie seine Schreie nicht hören.

Die Idee dahinter ist, Randolph so schnell wie möglich ins Mitsamt-dem-Anorak-in-den-Sandkasten-Stadium zu bringen. Weil Kinder lernen müssen. Und das tun sie ja auch. Ich verstehe nur nicht, warum sie lernen müssen, daß ihre Mutter bleibt, wenn sie glücklich und beschäftigt sind, und daß sie wegrennt, wenn sie Angst haben und sich miserabel fühlen. Vielleicht ist es mir bloß nicht richtig erklärt worden.

Wenn Randolph sich zu Hause langweilt, ist die Spielgruppe das beste für ihn. Selbst die bescheidenste kann ihm erstaunlich viel bieten. Es wird ein Klettergestell geben, Fahrräder und Kinderwagen, ein Spielzeughaus, eine Bücherecke, einen Maltisch, Spielzeugautos und so viele Sachen zum Verkleiden, wie sich ein kleiner Junge nur wünschen kann. Außerdem werden noch besondere Aktivitäten auf dem Programm stehen. Vielleicht etwas jahreszeitlich Bedingtes am Basteltisch. Oder ein mutiger Vater, der seine Gitarre und ein Liederbuch mitgebracht hat.

Wenn Sie bis zum Ende bleiben – weil Sie neu sind und die anderen alles über Sie rauskriegen wollen oder weil Ihr Name auf den Dienstplan der freiwilligen Helfer gerutscht ist –, werden Sie höchstwahrscheinlich bei den besonderen Aktivitäten eingesetzt. Sie bekommen zwanzig Blatt oranges Papier und einen schwarzen Fettstift und werden gebeten, etwas Einfaches, aber Effektives für Pfingsten zu produzieren. Oder eine Fünfzehnminutenlücke am Vormittag mit Kinderreimen zu füllen.

Als Helfermutter entdecken Sie dann folgendes. Manche Kinder gehen zur Spielgruppe, um Unmengen von Kleister auf Pappe zu schmieren. Andere gehen hin, um vom Klettergestell zu springen. Wieder andere radeln sehr schnell und machen Wrummwrummwrumm. Manche tragen ständig einen alten Netzvorhang und pinkeln sich lieber in die Hose, als daß sie ihren Puppenkinderwagen ohne Aufsicht lassen. Und es gibt immer einen großen Jungen namens Andy. Meistens sitzt er in einem sehr kleinen Tretauto.

Eine Ihrer Pflichten als Helfermutter besteht darin, die Radfahrer wenigstens versuchsweise zum Aufkleben der Pfingstbilder zu bewegen und die Kleistersüchtigen dazu zu überreden, daß sie eine Weile nach draußen gehen und sich die Beine vertreten. Außerdem müssen Sie auf kumpelhafte Weise »Nein« sagen, wenn Andy voll gegen Sie fährt und »Bist du dem Kevin seine Mama?« fragt. Letzteres wird des öfteren vorkommen.

Niemand erwartet dagegen von Ihnen, daß Sie das Kind therapieren, das auf der Toilette ernsthafte psychische Störungen zeigt. Das ist was für die Bienenkönigin. Sie wird einen einschlägigen Kurs besucht haben und über solche Dinge Bescheid wissen. Und niemand erwartet von Ihnen, daß Sie bangen Eltern die Nachricht beibringen, in der Gruppe seien Kopfläuse aufgetreten. Auch das ist ein Expertinnenjob.

Wenn der Vormittag halb um ist, gibt's was zu trinken und ein bißchen Gebäck. Zeit für eine Atempause, denken Sie vielleicht. Da kann ich mich aus der Hintertür stehlen und eine rauchen und ein paar Minuten auf dem Topf mit mir allein sein. Welch ein Irrtum! Statt dessen müssen Sie entdecken, was für Schweinereien durchschnittliche Vierjährige mit einem Becher Milch und einem Löffelbiskuit anrichten können. Außerdem dürfen Sie Andy beim Armdrücken mit den anderen beobachten, wobei es um die Nahrungsmittelzuteilung geht und Andy nicht mal aus dem Tretauto steigt. Und ehe Sie sich's versehen, ist es Zeit, sich wieder den Aktivitäten zu widmen. Die Kleisterer kleistern weiter, die Radler radeln, und auf Vorschlag der Bienenkönigin werden Sie auf einem sehr kleinen Stuhl sitzen, mit sich selbst Domino spielen und sich so vorkommen, als hätten Sie auf der Messe für das Ideale Heim einen Stand aufgebaut, an dem Sie über Geschlechtskrankheiten informieren.

Zu guter Letzt wird eine Schweigeviertelstunde eingelegt. Dann haben die Arbeitsbienen Zeit, alles wegzuräumen, und wenn die Eltern kommen, um ihre Kinder abzuholen, gewinnen sie den Eindruck von behaglicher Ordnung. Und es gibt eine Geschichte. Es ist nicht einfach, zwanzig hungrigen Kindern eine solche zu erzählen. Manche werden schon ihren Mantel an und ihre Mütze auf haben, und die Radler werden immer noch ihre Runden drehen, obwohl die Räder längst weggestellt sind. Ich spreche aus eigener bitterer Erfahrung. Ich kenne die Schwierigkeiten, die frau bekommt, wenn sie einem Kreis von Kindern, die sich in Zweiergruppen zusammengetan haben, um einander zu beißen, die Geschichte vom kleinen Däumling erzählen will. Und ihre Last wird nicht leichter dadurch, daß latzbehoste Personen in nächster Nähe Linsen zusammenfegen und zischen: »Zieh's doch nicht so in die Länge!« Ich weiß Bescheid. Nur meine Tochter hörte höflich zu, und auch sie schaute mit einem Auge immer wieder zur Uhr.

Dann treffen die Mütter ein. Und da die Arbeitsplätze auch schon mal sicherer waren, ziemlich viele Väter. Sie packen die nassen Bilder und Unterhosen in ihre Tragetaschen, und bald sind sie fort. Aber damit ist die Sache noch nicht ausgestanden. Spielgruppen beinhalten sehr viel mehr, als man auf den ersten Blick sieht. Spenden sammeln, Ausflüge organisieren, sich Aktivitäten ausdenken, Sitzungen einberufen. Die zwei Stunden, die Sie an drei Tagen in der Woche mitgekriegt haben, sind nur die Spitze des sprichwörtlichen Eisbergs. Wenn Sie an eine Spielgruppe geraten, verändert sich Ihr Leben. Sie haben keine untätigen Momente mehr. Kaum haben Sie gebrauchten Schnickschnack in Ihrem Kombi befördert, ist ein Kuchentisch zu füllen. Es gibt keine bessere Lehrzeit für jene zweite Brutstätte der hektischen Selbsthilfe, den Elternbeirat.

Und noch etwas wird mit Ihnen passieren. Sie sind plötzlich nicht mehr imstande, Dinge wegzuwerfen. Sie hängen an Milchflaschenverschlüssen und leeren Rolldeos, obwohl Sie nur Vages damit vorhaben. Alles, was Sie einmal für Abfall hielten, birgt nun die Verheißung von wichtigen Erlebniswerten für das Vorschulkind in sich. Dergleichen kann sehr schnell außer Kontrolle geraten. Was sich Ihnen als Sparsamkeit und Voraussicht darstellt, ist vielleicht nur einen Schritt vom Wahn entfernt. Sie müssen aufpassen wie ein Luchs. Ihre Familie mag denken, es ginge Ihnen gut, ohne zu merken, daß Sie heimlich die Papprollen vom Toilettenpapier horten. Wenn jemand bei der Suche nach seinem Federballschläger Ihr verstecktes Depot leerer Joghurtbecher entdeckt, wird er vielleicht durch Ihre verzweifelten Abwiegelungsversuche alarmiert. Vielleicht auch nicht. Wenn Sie die Styroporverpackung Ihrer Friteuse aufbewahrt haben, weil Sie zu wissen meinen, eines Tages werde sie sich gut für irgend etwas eignen, muß ich Ihnen sagen, daß Sie ein kritischer Fall sind und sofortiger Hilfe bedürfen. Nehmen Sie ein kaltes Bad, während der Notdienst Ihr

Haus von Paketschnurresten und vertrockneten Sonnenblumenkernen räumt, und bitten Sie Ihren Arzt, Ihnen zu attestieren, daß Sie längere Zeit Ruhe vor Collagen brauchen.

Die Spielgruppe wird Sie auch für die Großereignisse einspannen. Die Weihnachtsfeier. Ausflüge.

Die Weihnachtsfeier besteht hauptsächlich aus Gelee und Seelenqual. Einige Kinder werden sich schleunigst verstecken, wenn der Weihnachtsmann durch den Türspalt lugt, aber die meisten wissen genau, wessen Opa das ist, und interessieren sich nur dafür, das Geschenkpapier von ihrem Bilderbuch abzureißen und sich wieder ihrer Limo zu widmen.

Ausflüge sind härter. Zwei Erwachsene pro Kind *und* Augen im Hinterkopf – und Sie hätten immer noch nicht das Gefühl, dies sei genug. Wenn Sie zur Feuerwache gehen, werden Sie sich wegen all der beweglichen Dinge Sorgen machen. Wenn Sie in den Park gehen, gibt es bewegliche Dinge und reichlich Platz, sich zu verlaufen. Und wenn Sie auf einen Bauernhof gehen, gibt es bewegliche Dinge, reichlich Platz, sich zu verlaufen, *und* mindestens zwei eingedreckte Stiefel pro Kind. Sind Sie an den Standort zurückgekehrt, so werden die Kinder gebeten, ein Bild von etwas zu malen, das sie auf dem Bauernhof gesehen haben, während sich die Erwachsenen an der richtigen Zuordnung der Stiefel versuchen. Resultat: ein überzähliger Stiefel, zwölf Bilder von Raumschiffen, vier von Häusern, eines von einem Elefanten. Und Andy wird aus seinem Blatt Papier ein Tretauto gemacht haben.

Dann kommt der Tag, an dem jemand wegläuft. Wenn das passiert, muß die ganze Belegschaft ran. In meiner Spielgruppenzeit gab es viele Kinder, die damit drohten, aber nur *ein* Junge hatte den Grips und die Kraft, es wirklich zu tun. Wir suchten ihn überall. Sogar in einem kleinen Karton mit Weihnachtsschmuck, der seit acht Monaten unberührt auf einem Bord stand. Die Bienenkönigin erbleichte und sagte, sie würde bleiben und eine

Kanne starken Tee kochen, während wir Arbeiterinnen die Stadt nach dem Knaben durchkämmten. Es war eine heilsame Lehre, wie weit ein Vierjähriger ohne Mantel und Mütze kommen kann, ohne daß sich ein verantwortungsbewußter Erwachsener fragt, was so ein kleiner Junge ganz allein auf der Straße macht. Wir fanden ihn schließlich bei seinem Opa. Er sagte, in der Spielgruppe gefiele es ihm nicht und er würde lieber seinem Opa beim Hämmern helfen. Und das bringt mich zu den seltsamen Vorstellungen, die Spielgruppen von Kindern haben.

Die erste ist, daß Kinder ständig etwas tun sollen. Die zweite ist, daß sie alles mit Maß und Ziel tun sollen. Und die dritte ist, daß ununterbrochen ein Erwachsener zugegen sein muß, um sie auf Zack zu halten.

Ich darf hier an folgendes erinnern: Die Kindheit ist eine relativ neue Entwicklung. Jahrhundertelang lag zwischen dem Tag, an dem Ihr Sohn laufen lernte, und dem Tag, an dem er in den Genuß des Privilegs kam, als viertes Tischbein in einem Fürstenhaus anzufangen, fast nur eine peinliche Pause. Simpelste Aktivitäten füllten diese kurze Zeit aus. Himmel-und-Hölle. Fangen. An die Türen von fremden Leuten klopfen und wegrennen. Weihnachten, das war eine Orange und eine Flickenpuppe. Zum Geburtstag gab es ein Paar neue Stiefel. Und in der Hauptsache lernte man, wann man sich ducken mußte. Die Kindheit war eine Episode, die in unwirtlichen Klassenzimmern und draußen auf der Straße spielte. Alle waren erleichtert, wenn sie vorbei war und das Kind alt genug, um durch einen Stollen im Bergwerk zu robben oder fürs Vaterland zu kämpfen.

Es gab keine abwaschbaren Zahlenkarten und keine Spiel & Lern-Bongos, und trotzdem schafften es die Leute irgendwie, Ingenieure und Musiker zu werden. Die Kindheit gewöhnte sie an die Plackerei und Einsamkeit, die mit jeder Leistung verbunden sind. Wenn Sie nichts auf der Welt haben als ein Schmalzbrot und ein altes Kinderwagenrad und Ihre Mutter so damit beschäftigt ist, die Treppe zu scheuern, daß sie kein freundliches Wort mit Ihnen spricht – was machen Sie dann? Sie tun sich um. Suchen sich drei weitere Jungen mit alten Kinderwagenrädern und schwatzen dem Mann vom Laden an der Ecke eine Apfelsinenkiste ab. Dann verbrennen Sie der Wärme halber die Kiste und diskutieren den Rest des Tages darüber, warum Mütter nie mit einem sprechen und warum einem die Leute dauernd alte Kinderwagenräder schenken.

Doch damit sind die Eltern von heute nicht zufrieden. Das Kind wäre es vielleicht, aber die Eltern lassen es nicht. Die Welt ist voller Aktivsets und herzlicher TV-Moderatoren. Überall gibt es Gelegenheiten, Randolphs Potential auszuschöpfen und ihm den Übergang aufs Gymnasium zu ermöglichen.

Wenn vor zwanzig Jahren jemand so avantgardistisch gewesen wäre, Ihnen Prinzeßbohnen zu zeigen, hätten Sie wahrscheinlich nur daran gedacht, sie zu kochen. Heute würden Sie sich auch noch überlegen, ob Sie Randolph mit Hilfe derselben in die Kunst des Zählens einweisen sollen. Oder Sie vermachen sie der Spielgruppe, damit alle versuchen können, aus Bohnen ein einfaches Musikinstrument zu bauen. Meine Kinder haben die Spielgruppe schon eine Weile hinter sich, aber die Trennung von leeren Garnspulen fällt mir immer noch schwer. Es ist eine Krankheit, und unsere Kinder brauchen das nicht.

Ich hatte mal mit einer Spielgruppe zu tun, die beschloß, sich eine Art Hobelbank zuzulegen. Es war wirklich hübsch. Ein Tischchen mit Holzresten und Hämmern und Nägeln und einer feinen kleinen Säge für Drei- und Vierjährige. Was passierte, muß ich Ihnen wahrscheinlich nicht sagen, aber ich sag's trotzdem. Niemand verlor ein Auge – es war nur nahe dran. Das Bemerkenswerteste war, daß die Kinder nichts zustande brachten. Wie sollten sie auch? Sie waren weder kräftig noch geschickt genug, und als moderne Kinder waren sie derart auf Sofortresultate versessen, daß sie der gegenseitigen Jagd mit Hammer und Spitzbohrer einfach mehr abgewinnen konnten als ihrem unbeholfenen Gesäge. Am meisten Spaß machte das Ganze der Frau, die sich's ausgedacht hatte. Es war ihr ein Vergnügen gewesen, all die Teile zusammenzukaufen. Und auch ich hatte recht viel Freude daran. Aber mein dreijähriges Kind wäre lieber zu Hause gewesen, um das zu tun, was Dreijährige wirklich mögen. Den ganzen Vormittag in einem Lebensmittelkarton sitzen und sich vorstellen, der wäre etwas anderes. Oder bei jemandem auf dem Schoß sitzen mit dem Daumen im Mund und der schönsten Schmusedecke im Arm und sich ›Die Sendung mit der Maus‹ anschauen.

Vergessen Sie nicht, wenn zehn bis zwanzig Kleinkinder samt eifrigen Erwachsenen und Geräten mit preisgekröntem Design versammelt sind, handelt es sich um eine unnatürliche Situation. Vergessen Sie nicht, die Entdekkung des Vorschulkindes hat der Welt nicht nur blitzgescheite und sozial gewandte junge Menschen beschert. Die Welt ist noch ziemlich so wie früher, nur daß es inzwischen ein paar mehr Fünfzehnjährige gibt, die nicht addieren können.

Ist Ihr Zuhause perfekt automatisiert und drehen Sie vor Sehnsucht nach Erwachsenengesellschaft allmählich durch, so mag eine Spielgruppe genau das sein, was Sie brauchen. Aber überlegen Sie sich erst, ob es Ihrem Sohn gegenüber fair ist. Während Sie fröhlich dreißig aufstellbare Osterhasen ausschneiden und mit der Bienenkönigin Toaster vergleichen, drohen Randolph abgebrochene Zähne, Konzentrationsverlust und – nach der ersten Begegnung mit Andy – ein tiefes und bleibendes Mißtrauen gegen die ganze Menschheit.

Früher oder später sind Sie verpflichtet, Ihrem Sohn eine Ausbildung zukommen zu lassen. Sie mögen das vom Tag seiner Geburt an sorgfältig geplant haben oder einfach die nächstgelegene Schule aufsuchen und ihn durchs Tor stoßen. Vielleicht wollen Sie auch, daß er später dasselbe Internat besucht wie Sie. Das ist eine sehr vernünftige Methode, Ihr Geld auszugeben, wenn Sie denn welches haben. So wird er fast garantiert mit ähnlichen Phobien und Vorurteilen aufwachsen wie Sie. Denken Sie an die Auseinandersetzungen, die damit entfallen, wenn er größer wird.

Kommt er nach Hause und meckert über Brutalität und Schurigelei, so sind Sie, als Überlebender desselben Systems, der berufenste Richter in der Frage, ob er denn wirklich genug davon kriegt. Sie verstehen den schulinternen Slang, Sie wissen, welche Jungen aus so einflußreicher Familie stammen, daß die Beziehung zu ihnen kultiviert werden sollte, und vielleicht kennen Sie sogar noch ein paar von den Lehrern. Ich würde behaupten, das ist ein exzellenter Gegenwert für Geld – wenn Sie, wie gesagt, welches haben. Andernfalls müssen Sie sich damit abfinden, daß Ihr Sohn ohne nützliche Freunde und sadomasochistische Phantasien heranwächst. Er wird nie Präsident des Ehemaligenverbandes werden, und es wird viele Jahre dauern, bis ihn die Freimaurer in ihre Reihen aufnehmen. Wenn Sie meinen, das seien trübe Aussichten, ist es dann nicht an der Zeit, weiterzudenken und ein paar Mark zurückzulegen?

Zunächst aber muß Ihr Sohn auf die Grundschule. Vielleicht haben Sie Glück und es ist eine gute in Ihrer Nähe. Vielleicht haben Sie Pech und müssen Ihren Sohn etliche Kilometer chauffieren. Und doppelt Pech haben Sie, wenn Sie in die Nähe einer guten Schule ziehen und die plötzlich herunterkommt. Mit Schulen geht es manchmal sehr schnell bergab und weitaus langsamer wieder bergauf. Was klug zu sein schien, als Geoffrey fünf war, kann Ihnen dann wie ein Mühlstein um den Hals hängen.

Dürfte ich bei einer Schule auf etwas bestehen, so wäre es Stille. Die meisten modernen Schulen fördern Spontaneität, und die meisten modernen Kinder plappern ohnehin spontan drauflos. Damit ist Lärm vorprogrammiert. Und wenn der unablässig dauert, gewöhnen sich die Leute, die mit ihm leben, so sehr daran, daß sie nicht merken, wie schlimm er ist und wie übellaunig er sie macht. Ich bin für Schulen, die Kindern zeigen, daß man still *und* glücklich sein kann.

Wenn Ihr Sohn noch nicht eingeschult ist, denken Sie vielleicht, die Schule werde die innige Beziehung zwischen ihm und Ihnen zerstören. Diese häßliche Vorstellung mag durch einen anderen Gedanken gemildert werden. Daß Sie nämlich ein Maß an Freiheit gewinnen, das Sie seit seiner Geburt nicht mehr hatten. Das haben wir alle gemeint. Und wir haben uns alle geirrt.

Zum einen sprechen wir von einer Beziehung, die unzerstörbar ist. Sie besteht aus nicht reißendem Elastikband. Ob lebendig oder tot, Sie sind die Mutter oder der Vater, und die Schule leiert das Band vielleicht etwas aus, aber es kommt in den überraschendsten Momenten zurückgeschnalzt. Er wird Sie unverändert liebhaben, und Sie werden ihm sehr fehlen, und ist er dann wieder zu Hause, so wird er Ihnen zeigen, wie sehr Sie ihm gefehlt haben, indem er fernsieht, während Sie mit ihm sprechen, und Sie genau in dem Augenblick herzt und küßt, wo seine Fischstäbchen in Flammen aufgehen.

Was die Freiheit betrifft: Sie werden weniger haben, nicht mehr. Ihre Zeit wird verplant sein. Schulstunden, Schulferien, und wenn die Schule aus ist, gibt es immer noch etwas, das vor dem nächsten Morgen erledigt werden muß. Die Tage der Langschläferei und der Scott-

Fitzgerald-Lektüre, während Geoffrey im Bad herumspielt, sind ein für allemal vorbei. Stehen Sie auf, kämmen Sie sich, sprühen Sie sich Deo unter die Achseln. Von nun an leben Sie auf dem Präsentierteller, und das Schultor ist kein Ort für alte Gewohnheiten.

Lädt man Sie ein, Ihren Sohn für eine Schnupperstunde zur Schule zu begleiten, bevor er ins kalte Wasser geworfen wird, so sollten Sie annehmen. Es ist sehr schlechter Stil, gerade da einen anderen Termin zu haben, und es wird Ihnen auf jeden Fall guttun, einen jener das Einschlafen des Hinterns fördernden kleinen Stühle zu drükken und festzustellen, daß es hoffnungslosere Fälle als den Ihren gibt. Sie machen sich ein Gewissen daraus, daß Geoffrey seine Schuhe nicht immer alleine zubinden kann, und schon haben Sie ein Mädchen entdeckt, das nicht weiß, wie es heißt, und zwei Kinder undefinierbaren Geschlechts, die nicht begreifen, was das Wort *Nein* bedeutet.

Jetzt fühlen Sie sich schon besser. Das ist der richtige Moment, die Lehrerin kennenzulernen. Ich will sie Mrs. Robinson nennen. Meiner Erfahrung nach heißt sie fast immer so.

Sie werden Mrs. Robinson mögen. Fürs erste. Wenn sie mit Ihnen langsam und beruhigend über den Durchbruch zum Lesen-und-Schreiben-Können sowie Kopfläuse spricht, werden Sie es kaum für möglich halten, daß Sie sie eines Tages als dumme Kuh bezeichnen könnten. Aber Sie werden es tun.

Zweierlei hat sich bestimmt nicht verändert, seit Sie selbst in der Schule waren. Das eine ist der wunderbare Klang, den singende Kinder hervorbringen. Und das andere ist der Geruch von Mrs. Robinson. Ich dachte immer, es sei Kreide, aber das ist es nicht. Es sind Turnschuhe und Wachsmalstifte und Bodenmatten. Ich nehme an, kein Shampoo der Welt kann den Geruch aus Haaren herauswaschen.

Wie dem auch sei, diese angenehme Frau, die nach

Turnschuhen riecht, wird Ihnen einiges zu sagen haben. Zum Beispiel, daß an absolut alles ein Namensschildchen genäht werden muß, und während Sie noch darüber phantasieren, welche Menschen wohl Unterhosen mit solchen Schildchen versehen, wird Mrs. Robinson Sie in die Wirklichkeit zurückholen, indem sie Ihnen einschärft, daß sie mit »alles« wirklich *alles* meint.

Sie wird von Pünktlichkeit, elterlicher Kooperation und ansteckenden Krankheiten sprechen, aber die Kinder keines Blickes würdigen. Die werden woanders sein und einem künftigen Streber zeigen, was ein Überfall ist, und so kann Mrs. Robinson Sie einschätzen und beurteilen, welchen Rang Sie auf der Skala der verwerflichen Schlampigkeit einnehmen. Wenn sie Sie auf Zack gebracht hat, wird sie bereit sein, mit Geoffrey anzufangen.

Heutzutage ist die Schule für viele Kinder kein Schock mehr. Die meisten haben schon Schlimmeres erlebt, einen Kindergarten oder eine Spielgruppe zum Beispiel. Und das bedeutet sehr viel weniger Kummer am ersten Schultag. Ein paar Eltern werfen sich vielleicht auf dem Flur zu Boden und weinen, und möglicherweise schließt sich ihnen das eine oder andere Kind an und tut ein Gleiches, aber meistens geht es sehr stoisch zu. Nicht so wie früher. Ich weiß noch, wie meine Mutter ihre Nase gegen die Scheibe des Klassenzimmers drückte. Ich kann mich sogar daran erinnern, was sie trug an diesem Tag des Jahres 1952. Alle knirschten mit den Zähnen und zerrissen ihre Gewänder. Heute ist solches Verhalten einfach nicht mehr statthaft. Man erwartet von Ihnen, daß Sie im Hintergrund bleiben, von den Initianden nicht zu sehen sind und sich mit den anderen just Befreiten über Squashrakkets austauschen.

An seinem ersten richtigen Schultag wird Ihr Sohn wirklich flott aussehen. Alle Knöpfe zu, das Hemd in der Hose, die Tolle gebändigt und die Schultasche strahlend neu. Zwei Stunden später werden Sie ihn wiedersehen.

Sie gehen nach Hause und schrubben mit einer alten

Zahnbürste um die Henkel Ihrer Teetassen herum, weil Ihnen plötzlich nicht mehr danach zumute ist, einen neuen Beruf zu ergreifen. Sie essen Perlzwiebeln aus dem Glas und überzeugen sich mehrmals davon, daß die Uhr nicht stehengeblieben ist. Und dann finden Sie sich pünktlich vor der Schule ein.

Dort begegnen Sie weiteren Frauen, die eine halbe Stunde zu früh dran sind. Sie fangen eine Reihe von ziellosen Gesprächen über Häusliches und Unverfängliches an. In den folgenden Jahren werden Sie diese Frauen besser kennenlernen. An manchen Tagen werden das die einzigen Erwachsenen sein, mit denen Sie sich unterhalten, außer einem vage vertrauten Mann, der am Abend nach der Zimmerkellnerin klingelt. Sie werden erfahren, wie die Frauen heißen und welche Kinder ihre sind. Später wird ein Teil der Zurückhaltung schwinden, und sie werden Ihnen sagen, wie frau Pfannkuchen einfriert und was das beste Mittel gegen Kugelschreiberflecke auf weißen Sweatshirts ist. Aber nie werden sie Ihnen etwas wirklich Interessantes erzählen. Zum Beispiel, wie sie es schaffen, Tag für Tag weiterzumachen.

Wenn Sie Ihren Sohn von der Schule abholen, ist es so, als gehörten Sie zu einem regierenden Haus. Sie müssen darauf achten, was Sie tun, sich solide kleiden, gerade gehen. Und Sie dürfen *nie* Zigarettenasche in jemandes Kinderwagen stäuben. All das dient nur zu Ihrem Besten. Ihr Sohn wird nämlich verzweifelt sein, wenn er Grund zu der Annahme hat, daß Sie nicht genauso sind wie die anderen. Also lassen Sie Ihren Kunstfaserpelz und Ihr Monokel zu Hause und seien Sie in pflegeleichter Baumwolle zur Inspektion nach Schulschluß zur Stelle.

Am ersten Tag ist Geoffrey sofort draußen, rührend froh, wieder bei Ihnen zu sein, und überall aufgeknöpft. Seine Schuhe sind am falschen Fuß, sein Hemdzipfel flattert frei im Wind, und er riecht nach Mrs. Robinson. Voller Neuigkeiten ist er auch. Die Bilder, die er gemalt hat, wem schlecht geworden ist und wer gesagt hat,

Mrs. Robinson sei dick, und daß er morgen *ganz bestimmt* ein Namensschildchen an seiner Malschürze haben muß. Es hat angefangen. Mit geringfügigen Variationen werden Sie das Tausende von Malen durchexerzieren. Die Tyrannei des »Mrs. Robinson-hat-gesagt«.

Gegen Ende der Woche bringt Geoffrey dann die ersten Dinge mit nach Hause. Turnschuhe von Klassenkameraden, Rundschreiben an die Eltern, aufgeschürfte Knie und kleine rücksichtslose Jungen, die Thomas heißen. Geoffrey sagt: »Thomas will mit mir spielen.« Sie sagen: »Vielleicht ein anderes Mal, wenn ich mit der Mama von Thomas gesprochen habe.« Thomas sagt: »Meine Mama hat nichts dagegen. Ich spiel heute mit Geoffrey.« Und wenn Sie Thomas fragen, wo seine Mama ist, sagt er Ihnen, daß die nach Hause gegangen ist und daß er erst um acht wieder da sein muß. Er weiß aber nicht, wo er wohnt, und kein Mensch gibt zu, ihn zu kennen. Sie könnten ebensogut versuchen, einen zugelaufenen Hund loszuwerden. Also macht sich Thomas bei Ihnen breit, toleriert Ihre komischen Eßgewohnheiten und erwartet, daß Sie dreimal durch die ganze Stadt fahren und versuchen, eine Haustür zu finden, die ihm vertraut anmutet. Wenn Sie Thomas' Mutter je zu Gesicht bekommen, nimmt die ihn wortlos in Empfang und betrachtet Sie, als seien Sie übergeschnappt. Am nächsten Tag ist es dann nicht mehr Thomas. Sondern jemand anderer.

Manchmal läuft es auch so, daß Geoffrey im Auto eines Unbekannten sitzt. Solange er noch klein ist, können Sie mit dieser Art von beiläufigem geselligem Verkehr kategorisch verfahren. Entschuldigen Sie sich höflich bei dem Menschen hinterm Steuer und entfernen Sie Ihren Sohn von der Szene. Wenn er brüllt, brüllen Sie zurück. Wenn er die Luft anhält und erstarrt, tragen Sie ihn wie einen Tapetentisch. Bald kommt der Tag, an dem er lieber stirbt, als es zuzulassen, daß Sie Theater machen, und dann besitzt er auch den Anstand, richtige Verabredungen zu treffen, die in Terminkalender eingetragen und von allen betroffenen Erwachsenen abgesegnet werden können.

Nach ein, zwei Wochen tritt Mrs. Robinson massiv in Ihr Leben. Ihre Ansichten zu allem und jedem – von der hübschesten Bademantelfarbe bis zur langfristigen Senkung des Diskontsatzes – werden Ihnen Tag für Tag sturzbachartig übermittelt. Wahrscheinlich hat sie zu sämtlichen vorstellbaren Dingen *feste* Ansichten, und wahrscheinlich ist ihr Vertrauen zur Richtigkeit ihrer Ansichten so ansteckend, daß Geoffrey über kurz oder lang schwört, Schwarz sei Weiß, weil Mrs. Robinson es gesagt hat.

Sie sind sicher bereit, einige Umstände zu machen, um Mrs. Robinson nicht zu verstimmen. Schließlich wollen Sie Ihrem Sohn auf jede nur erdenkliche Weise den Weg ebnen, und da liegt es auf der Hand, daß Sie mit dem Gedanken spielen, seiner Lehrerin schönzutun.

Vergessen Sie's. Es ist Zeitverschwendung. Mrs. Robinson sucht schon seit vielen Jahren die perfekten Eltern und weiß genau, sie wird sie nie finden. Das liegt daran, daß sie Probleme mit Proportionen hat. Wenn Sie den ganzen Tag in einem Raum voll sehr kleiner Stühle verbrächten, würde es mit Ihnen wohl ein ebensolches Ende nehmen. Wenn dreißig Zwerge Sie ständig daran erinnerten, wie riesig und weise Sie sind, würde ein Schulhof nach dem Unterricht für Sie vermutlich genauso aussehen. Wimmelnd von überdimensionalen Rabauken. Wir hören viel vom Druck, der auf diesem unterbezahlten Berufsstand lastet, aber kein Wort darüber,wie lange es dauert, bis sich am Ende des Tages bei Pädagogen die Wahrnehmung von Größe und Wichtigkeit wieder im Normalbereich einpendelt.

Das Schlimmste, was Sie – außer einer Massenmörderin – für Mrs. Robinson sein können, ist eine Mutter, die arbeitet. Ich meine nicht die Millionen von Frauen, die ihre Zeit damit verbringen, daß sie einen Haushalt führen,

Kinder großziehen und sich das Mittagsmagazin anschauen. Die arbeiten gewiß, und Mütter sind sie auch, aber wer wollte ein böses Wort über sie sagen, solange sie Böden wischen, Plätzchendosen füllen und stumm wie die Fische sind? Ich spreche von den Frauen, die sich schnöde von ihren Kindern abwenden und die Hand aufhalten, weil sie gelöhnt werden möchten. Niedrige, verachtenswerte Kreaturen, die nach schmuddeligen Geldscheinen gieren. Zwielichtiges Volk. Sie geben kein schönes Bild ab. Ich weiß es, weil ich manchmal einen Blick in den Spiegel werfe.

Fast jede Woche finden Sie in den Illustrierten Artikel über berufstätige Mütter. Meist handeln sie von jemandem mit Loft und Personal und Kleiderschränken voll maßgeschneiderter Kaschmirwollsachen. Die Frau hat ihre Karriere sehr schlau geplant, hat einen wunderherrlichen Partner, der freiberuflich zu Hause arbeitet – ist das nicht sagenhaft praktisch? –, und sie teilt sich ihre Zeit und ihre Termine so gut ein, daß sie mindestens einmal monatlich zum Badeabend in ihrem trauten Heim weilt.

Wir übrigen verdienen nicht genug, um irgend jemandem ein nennenswertes Gehalt zu zahlen, wir können unsere Arbeit nicht mit nach Hause nehmen und sie dort erledigen, während wir das fiebernde Kind in den Schlaf wiegen, und wir haben einen Job von so knallender Sinnlosigkeit, daß wir uns, wenn wir ins traute Heim kommen, nur noch da kratzen, wo die Strumpfhose gekniffen hat, und schlafen gehen möchten. Wir tun es fürs liebe Geld. Für Mrs. Robinsons Begriffe tun wir's, um uns zu entziehen.

Wie soll sich Ihr Kind unbeschwert Mumps einfangen oder bis zur Schachgruppe in der Schule bleiben, wenn Sie fort sind, Ihren Rock bei der Einzelhandelsverwaltung abwetzen und zu Abschiedsgeschenksammlungen für Leute beitragen, die es geschafft haben, die Flucht zu ergreifen? Was ist, wenn Mrs. Robinson gesagt hat, daß

Sie *baldigst* ein Wort mit Ihnen reden will? Oder wenn Geoffreys Schnürsenkel reißen?

Dann werden Sie nicht da sein. Ganz einfach. Sie können Ihren Urlaub so legen, daß Sie die Schulfeier nicht verpassen, aber die gesammelten Höhen und Tiefen *werden* Sie verpassen, weil es einfach jeden Tag etwas gibt. Sie mögen bis nach Mitternacht aufgeblieben sein, um ein Kostüm fürs Schultheater zu säumen, und in der Mittagspause den schallgeschwinden Einkauf eines patentierten Bleistiftspitzers und grauer Socken für einen kleinen Jungen getätigt haben, doch wenn das Telefon mit der Nachricht klingelt, daß Hansi der Hamster tot ist und Mrs. Robinson gesagt hat, jeder Mensch sollte etwas Warmes zum Frühstück essen, sind Ihre Schultern vielleicht nicht stark genug, um die Last des Wissens zu tragen, daß Mrs. Robinson Sie persönlich für sämtliche Mißstände der Gesellschaft verantwortlich macht.

Grundsätzlich wird Geoffrey total erledigt nach Hause kommen, aber es gibt jahreszeitlich bedingte Feinheiten, auf die zu achten ist. Im November wird er halb nackt sein. Handelt es sich um einen sehr feuchten November, so wird er zwei linke Gummistiefel tragen. Ist es Juli und strahlend schön, wird Mrs. Robinson ihn zu Dufflecoat, Pudelmütze und winddichten Leggings vergattert und auf den Blasen schlagenden Asphalt hinausgeschickt haben, damit er um Gnade und ein kaltes Getränk fleht. Später, wenn dieses verrückte Juliwetter dem Platz macht, womit Sie gerechnet haben, wird Mrs. Robinson die ganze Klasse über die Zeit hinaus dabehalten. Etwa zehn Minuten lang. Sie wird ganz genau sehen, wie Sie und die anderen Mütter vor dem Schultor absaufen und nicht mal um Hilfe rufen. Sie wird auch die armen Tiere sehen, die sich in Paaren aufgestellt haben, um an Bord des Schulbusses zu gelangen. Aber sie wird ungerührt fortfahren, die Einladungen zum Elternabend zu verteilen. Und zwar *langsam.*

Wenn Sie die Einladung nach Hause gerettet und getrocknet haben, werden Sie entdecken, daß sie einen kleinen perforierten Rückabschnitt hat, auf dem Sie kundtun sollen, ob Sie kommen oder nicht. Natürlich werden Sie kommen. Unterließen Sie's, so sähe das sehr schlecht aus. Selbst wenn Sie sicher sind, daß es nichts Beredenswertes gibt: Nehmen Sie die Einladung an. Man weiß ja nie. Und wenn Sie den Tag in Ihren Terminkalender eingetragen haben, dann lassen Sie sich durch nichts mehr beirren. Vielleicht müssen Sie weitaus verlockendere Angebote ausschlagen, Ihr Essen hinunterschlingen und eine Stange Geld für einen Babysitter zahlen. Egal. Nichts wie hin. Ich bin mal an die hundert Kilometer gefahren und im kleinen Schwarzen samt Plastikgeschmeide erschienen, und ich war froh darüber, das kann ich Ihnen sagen. Ich hatte mich zum Stapellauf der Kladde meiner Tochter eingefunden. Und damit wurde es ein denkwürdiger Abend.

Geoffreys Arbeit wird Ihnen zur Betrachtung vorliegen. Ganze Stöße. Verschmierte Matheseiten und alles, was ein Junge über Dinosaurier wissen muß. Und seine Kladde.

Ich wußte nicht, daß man uns da würde Einsicht nehmen lassen. Ich akzeptierte, daß Kinder über das schreiben, was in ihrem Leben vor sich geht, und daß ihre Lehrer dies lesen müssen. Ich finde es nicht mal schlimm, wenn sie insgeheim darüber kichern. Das dürfte eine von ihren wenigen Vergünstigungen sein außer den unanständig langen Ferien und den Hunderten von kleinen Menschen, die sie für den lieben Gott halten. Aber sollten uns Eltern nicht Einträge erspart bleiben wie der folgende? »Am Sonntag gabs Fritten bei uns gibts immer Fritten und Mama hatte das große Messer wo Oma sagt es ist gefeerlich in einem Haus mit Kindern und Mama hat gesagt wenn Papa nicht den Mund hält tut sie ihn mit dem Messer stechen aber sie hat ihn nicht gestochen und dann haben wir Eis gegessen.« Ich meine, wir wissen doch alle, wie Kinder übertreiben. Bei uns gibt's nicht *immer* Fritten. Aber egal, was für ein rühmenswertes Leben Sie führen und ob Sie Blut spenden *und* für Caritas und Innere Mission zugleich sammeln, Sie werden aus dieser Seite als Kreuzung zwischen Iwan dem Schrecklichen und einem Schweinestall hervorgehen. Wie sollen Sie Ihr Haupt erheben und sich mit ruhiger Gefaßtheit nach Geoffreys Rechenkünsten erkundigen, wenn Mrs. Robinson weiß, daß er aus einer mangelernährten, ungewöhnlich gewalttätigen Familie stammt, und Sie wissen, daß Mrs. Robinson es weiß?

Vielleicht müssen Sie warten, bis ein offenes Geständnis von Ihrer Seite erfolgt ist, aber es wird mancherlei Interessantes zu betrachten geben. Zum Beispiel, was die Kinder in Wald und Feld gefunden haben. Den furchtbaren baulichen Zustand der Schule. Und andere Mütter. Nicht schüchtern und gehemmt wie vor dem Schultor, sondern mit Gemahl und strotzend von Selbstvertrauen. Einige werden ihre Jacke nicht mit Sicherheitsnadeln zusammenhalten. Das sind die Eltern von Kindern, in deren Schultaschen kein Schimmel wächst. Kinder, deren Kladden voll toller Geschichten über Ratespiele im Schoß der Familie sind. Aber werden Sie nur nicht nervös. Es wird auch einige Eltern von der anderen Sorte geben. Die schon ganz zappelig sind, weil sie fürchten, nicht mehr rechtzeitig zu Sport extra nach Hause zu kommen, die ihren Hosenstall überprüfen und ihre bessere Hälfte mit Drohstarren daran hindern, daß sie den Mund aufmacht. All diesen Leuten werden Sie des öfteren begegnen, und bei weniger entsetzlichen Anlässen wie dem Schulsportfest und dem Krippenspiel werden sie vielleicht sogar mit Ihnen reden.

Weihnachtsveranstaltungen können ein Vergnügen sein, vorausgesetzt, Sie mußten nicht den Monat davor mit der Jungfrau Maria oder dem Erzengel Gabriel zusammen leben. In diesem Fall sind Sie von Herzen zu bedauern.

Wieviel besser ist es, die Mutter eines muhenden Ochsen oder des Herbergsvaters zu sein! Die finden vielleicht keine so große Beachtung, aber es ist längst nicht so dramatisch, wenn Sie ihren Text vergessen. Außerdem neigen Stars mit glänzenden Kritiken zu Identitätskrisen, wenn es Zeit wird, sich abzuschminken und seine Milch auszutrinken.

Kommen Sie früh zu Weihnachtsveranstaltungen. Die besten Plätze werden für Schulbeiräte und andere hohe Chargen reserviert sein, also müssen Sie sich um die zweitbesten rangeln. Bis der Vorhang aufgeht, können Sie den Text von »O du fröhliche« rekapitulieren und den Wirbelsturm Wilma beobachten.

Für jede Weihnachtsveranstaltung werden Helfer gebraucht. Freundliche Menschen, die Hirtenstäbe anfertigen und sich in Ohnmacht gefallener Kamele annehmen. Es wird allerdings nur eine Wilma geben. Sind Sie mit Grippe geschlagen und verpassen sie diesmal, so haben Sie noch die Chance, sie beim Fasching, beim Sommerfest und – bis zu den Ellenbogen in den Früchten des Feldes – beim Erntedank zu erleben.

Wilma ist eine Frau, die Dinge bewegt. Sie hat einen Körper, der einem Kampfpanzer ähnelt, ein Gesicht, das von zufriedener Unentbehrlichkeit kündet, und einen sehr müden Mann, der sich auf einem guten Platz gerade noch aufrecht hält. Wilma hat alle Kostüme geschneidert, vierhundert auf der Zunge zergehende Pfefferkuchen gebacken und war rechtzeitig wieder in der Schule, um den himmlischen Heerscharen die Flügel anzuschnallen und dafür zu sorgen, daß sich Joseph nicht unerlaubt von der Truppe entfernt. Sie ist der wandelnde Beweis dafür, daß ein Mensch an mehreren Orten zugleich sein kann. Sie fungiert als stellvertretende Inspizientin, Chefin der Versorgung mit Speisen und Getränken und Koordinatorin der Schäferhüte und trockenen Unterhosen, läuft mit einem Mundvoll Pistazien durch die Gegend und verläßt kurz vor der Pause auffällig diskret den Saal, weil im

Ruheraum für die Schauspieler zweihundert Gläser sehr dünnen Orangensafts benötigt werden. Wahrscheinlich hat das alles mit ihrer Schilddrüse zu tun.

Von Ihnen als gewöhnlichem Sterblichen wird nicht mehr als eventuell ein Stück Morgenrockgürtel sowie rauschender Beifall erwartet. Kein Problem. Ich garantiere Ihnen, daß irgend etwas im Laufe des Abends Sie zu Tränen rühren wird. Wenn auch nicht unbedingt Wilma.

Zum Sportfest gibt es im allgemeinen zwei Anläufe, weil der erste Termin buchstäblich ins Wasser gefallen ist. Beim zweitenmal brauchen Sie ein Luftkissen für Ihre druckempfindlichen Stellen, eine große, gutgekühlte Flasche Zitronengetränk oder dergleichen und ein reges Interesse an ungewöhnlichen Wettbewerben. Am Nachmittag sollten Sie einen guten BH tragen oder Ihr Bein eingipsen lassen. Ich sage Ihnen bald, warum.

Wilma wird auch da sein, mit aufgekrempelten Ärmeln. Während sie das Zielband hält und dafür sorgt, daß alle ins Rennprogramm integriert werden, müssen Sie genau darauf achten, was auf der Aschenbahn passiert. Kinderwettläufe sind sehr schnell vorbei, und wenn Sie jemanden angaffen, die in Bermudashorts und mit einem unbekannten Mann erschienen ist, verpassen Sie, was Sie eigentlich beobachten sollten: Wie Geoffrey beim Hindernislauf der Knaben an der letzten Hürde vorm Ziel abgehängt wird.

Das Sportfest ist die Gelegenheit, bei der es die Semianalphabeten den anderen mal so richtig zeigen. Die im Klassenzimmer am wenigsten glänzen, sind, wenn man sie ins Freie läßt, oft die größten Cracks. Taumeln die Streber mit ihren Büchern unterm Arm ins Ziel, so hat der Sieger bereits geduscht, sich die Haare gewaschen und einen Schluck Limo getrunken, und der Wirbelsturm Wilma läßt die nächste Gruppe aufs Startkommando warten.

Wenn es am späten Nachmittag nach Regen aussieht

und Sie sich fragen, ob die Vorführung der Volkstanzgruppe abgeblasen wird, naht der Zeitpunkt, zu dem Sie begreifen, warum es sinnvoll ist, so zu tun, als könnten Sie sich nur mit Krücken fortbewegen. Es wird einen Mütterwettlauf geben. Es wird einen Kleinkinderwettlauf geben und – sofern Ihre Schule nicht in einer Gegend liegt, wo die Väter zu den bedrohten Arten gehören – auch eine leichtathletische Darbietung der Väter.

Bei Kleinkinderwettläufen gehen immer enorm viele Teilnehmer an den Start. Etwa zwei werden ungeduldig darauf warten, die Strecke hinter sich zu bringen. Die anderen fünfzig werden weinen, weil sie nach Hause wollen. Wenn Sie ein in Frage kommendes Töchterchen haben und sie dieser Tortur aussetzen müssen, dann stellen Sie sich am besten mit einem Luftballon und einer Tüte Bonbons ins Ziel und vergewissern sich, ob die Kleine Sie sehen kann. Nur so kriegen Sie sie dazu, daß sie sich weiter als einen Zentimeter bewegt.

Die leichtathletische Darbietung der Väter kann eine sehr ernste Sache werden. Längs der Bahn wird ein großes Geraune anheben. Wie haben es all diese Männer geschafft, den Nachmittag freizumachen? Trotz Rollenumkehrung, Gleitzeit und lahmender Konjunktur reizt ein Mann, der die Zeit hat, in einem Sack zu stehen und mit diesem zu hüpfen, zu Kommentaren. Auch siegen Väter gerne. Wo sich eine Mutter dankbar damit zufriedengäbe, daß sie nicht auf die Nase fällt, will ein Vater beweisen, daß er verdammt gut in Form ist. Es wird viel Ellenbogeneinsatz, eine halbe Klopperei und ein hart umkämpftes Finish geben; der Sieger wird mit einer halben Bauchesdicke Vorsprung durchs Ziel gehen. Was zählt, ist natürlich nur, dabeigewesen zu sein. Sagt mann.

Haben Sie kein Gipsbein oder zumindest einen dicken Verband, so ist der Mütterwettlauf unvermeidlich. Wilma schwingt schon die Peitsche. Verstehen Sie jetzt, warum Sie einen guten BH brauchen? Weil es sinnlos ist zu warten, bis Sie vor Tausenden von Zuschauern eine in jeder

Hand hundert Meter weit tragen mußten, und erst dann darüber nachzudenken. Verschalken Sie sich also, kicken Sie die Schuhe von Ihren Füßen, vergewissern Sie sich, daß Sie nicht in Gegenrichtung zu den anderen stehen, und rennen Sie los. Manchmal hilft es, einen Tropfen von irgendwas ins Zitronengetränk zu tun.

Freilich ist an der Schule mehr dran als Wettläufe und biblische Szenen. Es muß auch gearbeitet werden. Wenn Sie nicht sehr jung sind, sollten Sie nicht damit rechnen, daß die Schule Ihrer Kinder in irgendeiner Hinsicht so ist wie die Ihre. Die Zeiten haben sich geändert. Klassenzimmer sind heute luftige, helle Räume. Es gibt Fernseher und Radios und Computer, und das wenigste wird durch monotone Wiederholung vermittelt. Sicher finden Sie noch so richtig strenge Internatsschulen, wo gepaukt, geprügelt und altgriechisch parliert wird, nur müssen Sie zu diesem Zweck vermögend sein. Sonst aber wird Ihr Sohn mehr als zehn Jahre damit verbringen, daß er sich amüsiert und sich nebenher darauf zu besinnen versucht, wie viele Bohnen fünf ergeben. Vielleicht sind Sie ein bißchen nervös wegen der anderen, die sich in jenen strengen Internatsschulen dumm und dußlig konjugieren. Lernen die nicht sehr viel mehr ohne die Ablenkungen des Laissez-faire? Doch. Werden sie nicht alle Studienplätze abstauben, sämtliche Berufe überschwemmen und sich einen Soloplatz an der Sonne erobern? Keineswegs. Wenn Geoffrey seine Schularbeiten macht, hat er durchaus Chancen.

Das mit den Schularbeiten kommt langsam auf Sie zu. Es geht los mit ein paar Seiten aus dem Lesebuch, die Sie sich anhören müssen, und einem simplen Projekt wie dem, aus einem Stück Schnur und zwei leeren Ovomaltinedosen ein Telefon zu bauen. Jetzt sagen Sie mir nur, wer je zwei leere Ovomaltinedosen auf einmal im Haus hat! In dieser Phase sind die Schularbeiten eher ein Test im Hinblick darauf, welche nützlichen Dinge Sie in Ihren

Schränken verstecken, als eine Prüfung der Intelligenz Ihres Kindes. Am Anfang liegen Sie nicht ganz falsch, wenn Sie immer Pauspapier und ein Lineal griffbereit haben. Ein paar Jahre später werden Sie außerdem eine Kanne starken Kaffee, Ihren Verstand und ein Regal voller Nachschlagewerke brauchen. Ich würde mir keine Enzyklopädien zulegen. Die können sehr praktisch sein zum Glätten von Teppichen, die aufgerollt waren, aber das ist schon so ziemlich alles. Besser, Sie haben ein Buch über Vögel und eines über Astronomie und eines, in dem steht, wieviel Kilometer Röhren der Mensch in sich hat. Dann werden Sie ein Wörterbuch brauchen, einen Atlas, der so billig ist, daß man ihn ohne Tränen wegwerfen kann, wenn alle afrikanischen Länder wieder mal ihren Namen ändern, und eine Packung Kekse. Die Idee dahinter ist, daß Sie diese in Ihren Kaffee tunken und ermutigende Laute von sich geben, während Geoffrey versucht, seine Fragen selbst zu beantworten. Sie sollten nur dann aus Ihrem vollen Mund einen leeren machen und sich einmischen, wenn Sie unbedingt müssen. Intervenieren Sie mit Strahleaugen in dem Moment, wo Geoffrey am Bleistift zu kauen beginnt, so wird er bald nicht mehr darauf vertrauen, daß er irgend etwas aus eigener Kraft zu Ende bringen kann. Vielleicht braucht er nicht mehr als einen kleinen Stups, der ihm die Richtung weist, oder ein paar Rippen Schokolade, wenn ihm die Puste auszugehen droht. Oder sein Problem besteht darin, daß er nicht weiß, wie man etwas nachschlägt. Wenn das der Fall ist, dann geben Sie ihm ein Telefonbuch und einen Fahrplan und lassen ihn üben.

Kommt er absolut nicht mehr weiter, so beschränken Sie sich auf einfache Hilfsmaßnahmen. Sie mögen in Mathe eine Eins mit Stern gehabt haben, aber wenn Geoffreys Schwierigkeit die ist, daß er mit dem Zirkel nur wacklige Kreise ziehen kann, sollten Sie jetzt nicht mit Ihrem großen Wissen angeben. Es *ist* schwer, tatenlos zu bleiben, wenn seine zehn Zeilen über die Völkerwanderung so aussehen, als wäre ein sturzbetrunkener Floh mit Tinte zugange gewesen, und Sie sich verzweifelt eine Auszeichnung für ihn wünschen, aber Sie *müssen* tatenlos bleiben. Ich habe mal einen Preis für meine Wildblumensammlung gewonnen. Ein Buch über Bäume. Ich habe es noch irgendwo, aber sie hätten den Namen meiner Mutter reinschreiben sollen. Denn *sie* hatte mich durch halb Leicestershire geschleift, damit ich bei Wind und Wetter diese Pflänzchen suchte. Sie besorgte mir das richtige botanische Werk aus der Bibliothek und kaufte das Löschpapier zum Pressen der Blumen unter mehreren Bänden einer Enzyklopädie. (Wußte ich's doch, daß mir noch etwas einfallen würde, wofür Enzyklopädien gut sind.) Sie half mir, die Blumen festzustecken, sagte mir, was ich wo reinzuschreiben hatte, und verschwor sich mit mir, der Schule einen Preis im Wert von fünf Shilling abzuschummeln. Bis heute weiß ich von Wildblumen nur, daß Butterblumen in Marmeladegläsern bezaubernd aussehen und daß sie alle sehr viel hübscher sind als Chrysanthemen.

Wenn die Jahre vergehen und Sie am Abend mehr Kekse essen, werden Sie immer seltener vor der Schule warten. Es ist nicht mehr so nötig, daß Sie pünktlich eintreffen, herzerwärmend lächeln und eine Mappe voll feuchter Bilder nach Hause tragen. Geoffrey ist jetzt alt genug, um den Weg alleine zu machen, und das wird – vorausgesetzt, Sie schärfen ihm ein, daß er nicht mit netten fremden Leuten gehen soll, und vorausgesetzt, Sie finden sich ein, wenn er seinen Kontrabaß heimtransportieren muß – die beste Lösung sein. Es wird Geoffrey nicht stören, sich die Tür selbst aufzusperren, weil Sie bei der Arbeit sind. Es wird ihm gefallen. Denn dann kann er einen Liter Apfelsaft trinken und sich übergeben, ohne daß Sie ihm sagen, Sie hätten's ja gleich gesagt, *und* er kann sich die neue Familienserie mit 106 Folgen anschauen, ohne seinen Mantel abzunehmen.

Müssen Sie Geoffrey partout von der Schule abholen,

so ist es sehr wichtig, daß Sie ihm weder Küsse noch ein Ich-nehm-dich-Huckepack aufzwingen. Denken Sie ganz besonders daran, wenn er den Stimmbruch hinter sich hat. Das Beste ist dann, so zu tun, als wären Sie einander fremd. Dies wird Ihnen beim Übergang zu Ihrer nächsten Rolle als Elternteil helfen: der Ausstellerin oder dem Aussteller von Schecks für Klassenfahrten nach Tel Aviv, eingeschmissene Fensterscheiben, Hosen, die Sie als Ersatz für die Hose gekauft haben, die Sie in der Vorwoche als Ersatz für eine andere Hose gekauft hatten, sowie Nahrungsmittel aller Art. In der Schule wird Geoffrey jetzt sein eigenes Leben führen. Er wird dauernd von Leuten sprechen, die Sie nicht kennen, und allein mit kleinen Schwierigkeiten wie einem verlorenen Suspensorium fertigwerden, und seine Lehrer, die insgesamt vernünftiger sind als die Pädagogen früher, weil sie den Kindern ins Auge blicken können und ihre Klassenzimmer nicht mit Puppenmöbeln vollstellen, werden klug genug sein, um zu wissen, daß Geoffrey ein fast autonomer Mann ist. Wie schön. Damit ist viel Druck von Ihnen genommen.

Nur ein Jammer, daß Geoffrey immer noch nach Mrs. Robinson riecht, wenn er nach Hause kommt.

Mir ist langweilig

Um nichts in der Welt möchte ich heute Kind sein. Von dem Moment an, in dem jemand ein Musik-Mobile über ihre Wiege aufhängt, bis zu dem Tag, an dem sie ihr Reifezeugnis in Händen hält, hat Jessica keine Minute für sich. Sie steigt dauernd in oder aus Autos und ist mit einer hyperaktiven Frau am Steuer zu irgendwelchen außerschulischen Aktivitäten unterwegs. Das macht mir Sorgen. Wann hat das moderne Kind seine Mußestunden, in denen es monoton Bälle gegen Mauern kicken oder Schorf von seinem Knie abpulen kann?

Für mich ist zu einem großen Teil der Zweitwagen daran schuld. Ich hatte sehr liebevolle Eltern, bekam aber nie Akkordeonunterricht, weil ich dann so lange auf den Bus hätte warten müssen. Jetzt können Sie sich vor jede x-beliebige Schule stellen und beobachten, wie die Autos abfahren, vollgeladen mit kleinen Turnern und Schwimmern. Viele von ihnen sehen so aus, als wären sie glücklicher, wenn sie auf kürzestem Weg nach Hause fahren und ein Buch lesen oder mit der Katze schmusen dürften. Aber das dürfen sie nicht, weil sie bekloppte, auf sozialen Aufstieg versessene Mütter haben, die wollen, daß ihre Kinder keine Erfahrung auslassen. Sie belegen, was man nur belegen kann, und wenn versehentlich ein Abend frei bleibt, quält sie das, bis sie doch noch etwas finden, um ihn zu verplanen. Einen Fortgeschrittenenkurs für Briefmarkensammler. Oder was auch immer. Das Ganze hat seuchenartige Formen angenommen, und es ist leicht zu erkennen, warum. Welche Eltern werden denn däumchendrehend zusehen, wie ihr Kind beim Gedrängel darum, von allem ein paar Brocken zu ergattern, ins Hintertreffen gerät? Wenn die Sprößlinge anderer Leute schon den Fahrtenschwimmer machen und Ihrer immer noch weint, sobald er gechlortes Wasser riecht, kann das sehr besorgniserregend sein.

Aber werden Sie nicht nervös. Als Frau, die noch nicht mit Mikrowellenherd und Zweitwagen gesegnet ist und für die Zeit und Geld ständig knapp sind, darf ich Ihnen, die Sie auch auf Pump leben und Ihre Wege zu Fuß machen, etwas Wichtiges sagen. Unseren Kindern wird es gutgehen. Die vermeintlichen Vorteile all dieser hektischen Freizeitaktivitäten sind illusorisch. Es passiert nichts weiter, als daß es viele Kinder mit mehr Dingen denn je versuchen und über kurz oder lang wieder aufgeben.

Ich empfehle Ihnen *eine* Aktivität pro Kind. Was darüber hinausgeht, wird Ihre Tochter und Sie erschöpfen, und, schlimmer noch, sie wird nie die Zeit haben, die sie braucht, um absolut gar nichts zu tun. Fernsehen zählt nicht. Auch wenn es viele Stunden in Anspruch nimmt und kein Mensch sich fünf Minuten danach noch an irgend etwas erinnern kann, ist es nicht dasselbe wie Nichtstun. Aber es ist sehr beliebt, also müssen wir darüber reden.

Die einzig einfache Methode, dem Fernsehen zu entkommen, ist die, den Apparat in den Karton zurückzutun und aus dem Haus zu schaffen. Wenn Sie sehr stark sind, können Sie ihn auch dabehalten, bis Ihre Tochter mit Windpocken im Bett liegt und davon abgelenkt werden muß, wie furchtbar es juckt und wie verkrumpelt das Laken ist. Ginge es nur nach mir, so würde ich die Glotze spätestens morgen rausschmeißen. Ich brauche sie bloß wegen der Nachrichten und des Wetters. Sonst schaue ich mir nur gute Fernsehstücke und Dokumentarfilme und ein bißchen Wintersport an. Meinetwegen könnte die Glotze also abgeschafft werden. Ich würde sie nicht vermissen. Aber Kinder können soviel Spaß daran haben. Natürlich muß man das, was sie sich anschauen, kontrollieren. Okay, okay! Lieber Himmel, ich bin eine ganz normale berufstätige Frau! Bin müde. Habe andere Dinge im Kopf. Obwohl ich weiß, daß die Kinder viel zuviel Brochbroch und Knallbumm sehen, habe ich oft nicht die Energie zu sagen, daß die Glotze den *ganzen* Abend aus bleibt, *und* es durchzuhalten, wenn ich mit Entzugserscheinungen in Gestalt von vier Paar bestrumpften Füßen, die stumpfsinnig an der Tapete auf und ab gerieben werden konfrontiert bin und mir das Gejammer in den Ohren gellt, daß ihnen so furchtbar langweilig ist. Die Kinder sind jetzt schon ziemlich groß und dürfen länger aufbleiben. Was soll ich da machen, wenn ich den ganzen Tag mein Hirn gebraucht habe und eine Stunde vor einer Seifenoper versumpfen will? Ihnen die Augen verbinden?

Fernsehen *kann* sehr lehrreich sein, wenn man eine sorgfältige Programmauswahl trifft. Aber das werden Ihre Kinder nicht tun. Sie werden sich automatisch zu dem hingezogen fühlen, was man früher als Schmutz und Schund zu bezeichnen pflegte, und *so* schafft man's natürlich nicht auf die Eliteschule.

Die Lösung des Problems Fernsehen steht und fällt damit, wieviel Zeit und Kraft Sie aufwenden wollen, um das Ganze in Grenzen zu halten, und ob Ihr Etat die Anschaffung eines Videorecorders erlaubt. Wenn nicht, haben Sie zwei Möglichkeiten: Entweder meißeln Sie die Fernsehzeiten in steinerne Tafeln, sind ständig da, um für deren Einhaltung zu sorgen, und lassen sich nicht von den Beschimpfungen entmutigen, mit denen Sie überhäuft werden. Oder Sie hören auf, sich zu wünschen, Ihre Kinder würden sich nicht denselben Schrott anschauen wie die von anderen Leuten, und sind gelegentlich bereit, in die bodenlosen Tiefen des ›Knight Rider‹ hinabzusteigen, damit Sie, wenn Sie meckern, genau wissen, worüber.

Liegt ein Videorecorder im Bereich Ihrer Mittel, so wird alles viel einfacher. Sie brauchen nur noch eine Programmzeitschrift – entweder aufgeschlagen, um die Sendezeiten zu überblicken, oder zusammengerollt, um jeden zu treffen, der einen der Knöpfe berührt –, und dann können Sie aufnehmen, was Sie Ihre Kinder sehen lassen wollen, und ihnen sagen, wann sie's sehen dürfen. Keine Umschaltblutbäder mehr, keine hinuntergeschlungenen Mahlzeiten und keine langen Abende, die alle am nächsten Morgen bereuen.

Außer Fernsehen gibt es eine Menge von rühmenswerten Beschäftigungen für Kinder, die keine Dreißig-Kilometer-Rundreise erfordern. Kartenspielen zum Beispiel.

Das ist gut, solange es nicht aus dem Ruder läuft. Spielen Sie nie um Geld, nicht mal um Süßigkeiten – *besonders* nicht um Süßigkeiten, und beschränken Sie sich auf die einfachen Spiele wie 17 und 4 oder, wenn Sie zwei Wochen Zeit haben, auf das, was die einen Mau-Mau nennen und die anderen Dieses-Scheißspiel-das-ewig-und-drei-Tage-dauert. In diesem Zusammenhang sollten wir gleich Monopoly behandeln. Das gibt es auch in Fremdsprachen, also können Sie an die niedrigen Instinkte des Menschen appellieren und Ihre Kinder lernen lassen, welche Teile des Pariser Immobilienmarkts spekulationsreif sind. Dann gibt es noch Schach und Dame und Domino und die guten alten Murmeln. Sie haben in letzter Zeit ein großes Comeback erlebt, und ich zumindest bin entzückt darüber. Murmeln sind billig. Man spielt auf dem Boden liegend, und das ist exzellent, wenn man müde oder aufgeregt ist. Außerdem läßt sich mit Murmeln dieser seltsame Drang befriedigen, den wir alle haben, nämlich Sachen zu sammeln. Also: Hoch sollen sie leben!

Und Darts. Unter einer Voraussetzung: draußen. Es ist ein wunderbares Spiel für Hand, Auge und Grips, aber nicht so förderlich für das, was Makler von Häusern als Topzustand bezeichnen. Deshalb hängt unsere Dartscheibe an einem Zaun und fragen sich unsere Kinder, wie es kommt, daß die großen britischen Cracks ihre Pfeile ohne wollene Handschuhe schleudern können. Jede Familie sollte einen Sack voll Murmeln und eine Dartscheibe haben. Ebenso ein paar Sprungseile, extra starkes Hosengummiband und einen Eimer verschimmelter Tennisbälle. Wofür die Sprungseile sind, ist klar. Damit spielt man Roß und Reiter und bindet das kleine Brüderchen im Puppensportwagen fest. Der Hosengummi findet beim Gummitwist Anwendung. Das ist eine sehr erschöpfende Tätigkeit, die Kinder sowohl gelenkig als auch abgeneigt macht, zum Tee hereinzukommen. Und die Tennisbälle drischt man in Nachbars Garten.

Wie Sie sehen, bin ich sehr dafür, daß Kinder an der frischen Luft sind. Und zwar mit einem Minimum an Gerät. Sie können soviel mit ihrem Körper anfangen. Bockspringen, die Straße rauf und runter rennen, Versteck spielen, sich an Laternenpfähle lehnen und Leute bemitleiden, die sich Heino anhören. Das kann Wochen ihres Lebens ausfüllen, ohne daß sie den Fuß ins Haus setzen. Ihr einziger Kontakt mit Ihnen werden durch den Briefschlitz geschriene Sätze wie »Eine Biene hat mich zweimal gestochen, und kriegen wir zehn Tüten Rosinen?« sein. Beginnt es zu schneien und haben Sie das Gefühl, Sie könnten die Kinder nicht mehr guten Gewissens bitten, draußen zu bleiben, so wird das Leben mit einem Schlag komplizierter.

Auf der Straße oder im Garten ist ein Erwachsener der letzte Mensch, den Kinder sehen wollen. Volleyball kann die ganze Woche dauern, wenn Erwachsene mit T-Shirts und Bierbäuchen nicht dazwischenfunken. Ein Vierzigjähriger in Gummilatschen, der sich mal für einen Meister des Blockens gehalten hat – wobei er freilich der einzige war –, ist der Tod solcher Sommerspiele. Drinnen verhält es sich anders. Drinnen muß für alles, was ein Kind zu tun gedenkt, ein Erwachsener auf Abruf bereitstehen, sei es zur Übersetzung japanischer Gebrauchsanweisungen, sei es zum Klebstoffkauf um 18 Uhr 25. Ihre ans Haus gefesselte Tochter wird warten, bis in zehn Minuten eine Mahlzeit auf den Tisch kommt, und *dann* mit der Hochzeitskrinoline für Charming Karina anfangen wollen.

Oder sie hat etwas gesehen, das in einer Kindersendung gebastelt wurde, und möchte es *sofort* ausprobieren, obwohl die Tiefkühlerbsen gleich kochen und Sie weder Pappe noch Holzdübel haben.

Solche Aktivitäten sind wunderbar, wenn Sie *einem* Kind Ihre ungeteilte Aufmerksamkeit schenken können. Weniger erfreulich ist es, wenn Sie sich auf die SMS Victory in dreihundert Teilen, eine Lobpreisung von Madonna im Entwurfsstadium sowie eine Strickerin, die Maschen fallen läßt, konzentrieren müssen *und* die Lage in der Küche sich zuspitzt. Bei solchen Gelegenheiten sind einfache, unabhängig durchzuführende Tätigkeiten das Gegebene. Wie Bilder malen. Oder im absoluten geistigen Leerlauf seine Zehennägel reinigen. *Oder, verflixt noch mal, für die Musikstunde üben!*

Damit sind wir bei den Aktivitäten, von denen jedes Kind wirklich nur einer nachgehen sollte. Aktivitäten, die ein gewisses Regelmaß erfordern, wenn man je Fortschritte machen und etwas leisten will. Wie das Erlernen eines Instruments.

Bei der Musik gibt es keine halben Sachen. Entweder tut man's richtig oder gar nicht, und wenn man's richtig tut, braucht man Fleiß und Engagement.

Mit der Musik fängt es bei Kindern sehr einfach an. Sie singen ihnen ein paar Lieder vor, und das war's dann, bis sie alt genug für die Blockflöte sind.

Vermutlich haben Sie schon einmal gehört, wie eine Blockflöte klingt. Mit Mängeln ist vieles behaftet, also lassen Sie mich großmütig sagen, daß die Blockflöte handlich, billig und auf der untersten Grundstufe leicht zu meistern ist. Kinder können ziemlich schnell lernen, wie man ihr Töne entlockt. Damit kann sie für Jessica ein lohnender Anfang sein, und es ist nicht unmöglich, mit diesem Instrument zu leben. Bei mir zu Hause gibt es drei Blockflöten, einen Falschsinger und einen Menschen, der durch die Zähne pfeift, und die freundlichen

Herren mit den weißen Kitteln sind noch nicht gekommen, um mich abzuholen. Beim Erlernen von Instrumenten machen Kinder unterschiedlich schnelle Fortschritte. Wissen Sie selbst, wie man eine Blockflöte zum Klingen bringt, so kann das sehr praktisch sein, wenn Jessica stagniert und sich abquält. Das ist der Punkt, an dem sie alles hinschmeißen und beim Judo einsteigen möchte. Aber sie hat mit dem Ding angefangen, also sollte sie's auch zu Ende bringen und ein für allemal lernen, daß eine Schwalbe noch keinen Sommer und ein rasch bewältigtes ›Häschen klein‹ noch keinen Frans Brüggen macht.

Die Blockflöte ist ein guter Test von Jessicas wahren Intentionen, wenn es um Klavierstunden und dergleichen geht. Manche Eltern lassen ihren Kindern aufs Geratewohl Musikunterricht geben, und ich wollte, ich bekäme zehn Mark für jeden Erwachsenen aus meinem Bekanntenkreis, der mal angefangen hat, ein Instrument zu spielen, und sich jetzt wünscht, er hätte weitergemacht. Meistens hat er nicht weitergemacht, weil seine Mutter es satt hatte, »Jetzt komm runter von der Garage und kümmere dich um deine Oboe!« zu schreien.

Ich nehme an, nichts erfüllt ein Kind so sehr mit inniger Liebe zur Musik wie eine verstörte Mutter, die gerade gutes Geld für eine neue Cellosaite ausgegeben hat. Wie auch immer. Jessica muß lernen, daß es Zeit und Mühe kostet, ein Instrument zu beherrschen, und sei es in noch so bescheidenem Maße. Wenn Sie bereit sind, den Rücksitz Ihres Autos auszubauen, damit Jessicas Harfe Platz hat, ist Üben das mindeste, was sie tun kann.

Übt Jessica fleißig, so werden Sie letzten Endes bei Musikwettbewerben landen. Die gehen den ganzen Tag. Ununterbrochen. Während normale Menschen mit ihren Kreditkarten Amok laufen, sitzen Sie in einem verstaubten Saal, lauschen Klarinettensolos und drücken Ihrem eigenen Fleisch und Blut die Daumen. Aber Jessica wird nicht gewinnen. Es wird sie jemand um den ersten Platz bringen, deren Mutter selbstgestrickte Strümpfe trägt und genau weiß, wann man Beifall klatscht. Diese Mutter und ihre Tochter sind regelmäßige Teilnehmerinnen solcher Veranstaltungen, und sie kennen dort jedermann und jedefrau. Ein inzestuöser Haufen ist das bei Musikwettbewerben.

Auch wenn Jessica nicht so weit kommt, sind ein paar Monate Blockflötenspielversuche keine vergeudete Zeit. Über kurz oder lang wird die Blockflöte als zweitönige Polizeisirene oder als Folterinstrument für verregnete Sonntagnachmittage zu neuem Leben erwachen, und in fünfundzwanzig Jahren weiß Jessica vielleicht noch genug von den Griffen, um ihrer Tochter bei »Kommt, o ihr Gläubigen« zu helfen.

In der Ballettschule treffen Sie auf einen anderen Menschenschlag. Statt schwerverständlicher Späße über verminderte Septakkorde und dezenter Protzerei wegen einer entfernten Bekanntschaft mit Friedrich Gulda finden Sie unmittelbare Gehässigkeit. Es geht immer darum, wie manche Kinder ausstaffiert sind, und je disziplinierter die Tanzform ist, desto pingeliger sind alle in bezug auf die Gewänder. Gegen die Ballettstange gelehnt habe ich des öfteren gesalzene Bemerkungen über die Schmuddeligkeit gewisser Höschen und die augenfällige Ungebügeltheit gewisser Schuhbänder gehört. Ich schreibe dies als Frau, für die die biologischen Vollwaschmittel zu spät erfunden wurden, als Frau, deren Wäsche immer merklich alltagsgrau war. In einer Ballettschule muß alles stimmen. Die Länge des Trikots, die Farbe der Strümpfe und die Frühlingsfrische der Unterwäsche, die gelegentlich in Sicht kommt. Und wenn Ihr Kind lange genug dabei bleibt, um bei der Jahresvorstellung mit aufzutreten, werden Sie einen Fulltimejob als Chauffeuse, Friseuse und Näherin von mehreren Kilometern elfenhaften Tutu-Tülls haben.

Die Atmosphäre wird fiebrig sein, besonders wenn Ihr Kind der einzige Junge ist. Jungen sind in kleinen Ballettschulen eine solche Seltenheit, daß sie bei Jahresvorstellungen kaum eine Minute von der Bühne gelassen werden.

Bei anderen Tanzformen sind sie zahlreicher vertreten. Heute machen viele Kinder Modern Dance und Step. Da haben sie Spaß ohne Pedanterie im Hinblick darauf, was sie tragen und ob sie am Ende der Stunde artig vor Madame knicksen können. Knickse sind nicht so furchtbar wichtig. Sie mögen allenfalls nützlich sein für die eine unter Millionen, die von einer weltbekannten Ballettruppe genommen wird, oder wenn die Königinmutter mal vorbeischaut, um zu sehen, wie es geht und steht, was bei uns in Großbritannien schon sehr selten und bei Ihnen bis zur Wiedereinführung der Monarchie ziemlich ausgeschlossen ist.

Gegen das Steppen will ich nur sagen, daß es so zwanghafte Formen annimmt wie der Verzehr von gesalzenen Erdnüssen. Sie werden feststellen, daß Jessica *überall* steppt. Ihre Parkettböden werden nicht wiederzuerkennen sein. Abgesehen davon möchte ich das Steppen empfehlen. Vorausgesetzt, Jessica ist nicht schon beim Ponyklub und beim Juniorensport angemeldet. Vergessen Sie nicht, daß wir alle Zeit zum Nichtstun brauchen.

Der Juniorensport ist eine moderne Seuche. Meiner Meinung nach liegt das zum großen Teil an der armen kleinen Olga Korbut. Irgend jemand hat behauptet, als es ihn noch gab, wenn wir den verdammten Ostblock je schlagen wollten, müßten wir unsere Kinder so früh anfangen lassen wie Olga und sie immer wieder übern Schwebebalken wackeln lassen, mögen sie auch noch so sehr darum betteln, statt dessen Dreirad fahren zu dürfen. Glücklicherweise hat bei uns die gute alte britische Tradition der überängstlichen Halbherzigkeit den Sieg davongetragen. So grausam sind wir also nicht zu den Kleinen. Darum können unsere turnbegeisterten Töchter mitmachen, ohne daß wir zu befürchten brauchen, sie endeten mit manipulierten Hormonen und einer Goldmedaille bei den Olympischen Spielen. Auch bei Ihnen im tüchtigen Deutschland müßte sich ein Weg finden lassen, Jessica der Menschenquälerei zu entziehen. Turnt sie dann, so wird sie sich besser bewegen können, ein besseres Gleichgewichtsgefühl haben und das Fallen lernen. Und wenn sie das Turnen schließlich satt hat und lieber Juniorenfußball spielen will, wächst vielleicht, sofern sie auch ein fangsicheres Paar Hände hat, eine kleine Torfrau heran.

Der Samstagsfußball ist im wesentlichen eine kalte Angelegenheit. Er besteht daraus, daß Sie an der Seitenlinie auf und ab laufen, »Jetzt mach doch endlich Manndekkung!« schreien und sich wünschen, Sie hätten die Thermoskanne mit der Trinkbrühe nicht zu Hause vergessen. Er besteht auch daraus, genau zu wissen, daß jemand anderer die geviertelten Orangen und Schokoriegel mitbringen sollte, er besteht daraus, daß Sie ein Auto voll Kindern haben, die quengeln, weil sie sich nicht für die Schokoriegel qualifizieren konnten und weil ihnen Lucky Luke so fehlt, und er besteht aus Dreck. Doch er rötet die Wangen von Kindern, zeigt ihnen, daß sich ein Fußballplatz, wenn man ihn eine halbe Stunde rauf und runter rennt, länger bemerkbar macht, als man denkt, und lehrt sie, daß man nicht immer gewinnen kann, es aber ein verdammt gutes Gefühl ist, wenn man's tut.

Dasselbe gilt für Handball, Hockey, Basketball und alles, bei dem zur Halbzeit geviertelte Orangen gereicht werden, sofern die Eltern, die damit an der Reihe waren, sie nicht vergessen haben.

Nur zögernd nenne ich Pferde in einem Atemzug mit gewöhnlichen Hobbys. Das hat mit diesen Tieren zu tun. Kinder entwickeln einen ausgeprägten Sinn für das Pferd als Lebewesen – stärker als für ihren Fußballtrainer oder ihre Ballettmadame. Das sehr richtige Gespür, daß man ein Pferd nicht zur Hand nehmen und aus der Hand legen kann wie Strickzeug, weil sich jemand tagtäglich jede Minute um seine Bedürfnisse kümmern muß. Deshalb glaube ich, das Pferdenarrentum ist ein Charakterzug, der entweder von der ganzen Familie kultiviert oder im Keim erstickt werden sollte. Wer immer bei Ihnen reiten möchte, er wird letzten Endes sehr viel mehr wollen als nur das.

Ponyhöfe, Gestüte und dergleichen sind exzellente Beispiele für unaufhörliche Geschäftigkeit. Pferde saufen wie Iren aus der Klischeekiste. Sie fressen wenig, aber dafür oft. Wenn sie im Stall gehalten werden, schwitzen und, mit Verlaub, scheißen sie in ihrem Schlafzimmer, und wegen des Lebens, das sie führen, muß man ihre Füße regelmäßiger pflegen, als so mancher Knabe sein Hemd wechselt.

Dann ist da all das Lederzeug. Es muß abgewischt und abgeseift und poliert und löblich rein gehalten werden. Jessica wird an alledem teilhaben wollen. Ist sie wirklich pferdenärrisch, so merkt sie bald, daß es zur Hege und Pflege der beiderseitigen Beziehung nicht genügt, wenn sie sich einmal in der Woche auf Sigurds Rücken schwingt und ihn bittet, sich in Bewegung zu setzen. Das Beste wäre, Sie würden geschlossen mitmachen und möglichst oft im Stall bei den Pferden sein oder sich das Ganze ebenso geschlossen schenken und sich ein Reitturnier in der Glotze ansehen. Alleingelassen mit ihrer Leidenschaft wird Jessica die ganze Familie bis zur Besinnungslosigkeit langweilen, wenn sie erzählt, wie sie Flicka die Trense anlegte und wie es kam, daß Sigurd ein Hufeisen verlor. Wie wäre es also mit Schwimmen?

Das sollten alle Kinder lernen, es sei denn, sie haben einen Schiffskatastrophenfilm gesehen und beschlossen, daß sie lieber schnell sterben wollen. Zu meiner Zeit hatte man Schwimmunterricht aus gesundheitlichen Gründen. Wir Asthmatiker wurden busladungsweise zum Gaswerk gekarrt, damit wir die Koksdämpfe einatmeten, und wenn das nichts half, mußten wir im städtischen Freibad bibbern, wo Jungen mit Frisiercreme im Haar ihr Wässerlein rinnen ließen. Die Idee dahinter war, das Asthma mit Schocktherapie zu kurieren, aber bei mir klappte es nicht. Heute noch muß ich mein Inhalationsspray zükken, wenn ich ein zusammengerolltes Handtuch oder einen Haartrockner mit Münzeinwurf sehe.

Aber die Dinge haben sich geändert. So sehr, daß sich Neugeborene zum Schwimmunterricht einfinden. In unserem Bad gibt es Palmen und nicht nach Geschlechtern getrennte Umkleidekabinen, und das Becken ist kein nüchternes Rechteck mit säuberlichen Höhenlinien am tiefen Ende, sondern es hat die Form eines Kleeblatts, und Ihnen ist nie klar, ob Sie gleich absaufen oder sich das Knie auf dem Grund anschlagen werden. Ich wollte nur, es würde mir jemand verraten, warum die Wissenschaft, die die Palme zu uns gebracht hat, noch nicht mit einem brauchbaren Getränkeautomaten aufwarten kann. Und warum gibt es nach wie vor Knaben, die ungestraft ins Wasser pinkeln?

Wie gesagt, mit dem Schwimmen fängt man heutzutage früh an. Die Eltern kommen mit ihrem Töchterchen, ängstlich darauf bedacht, keine Zeit zu verlieren. Nachdem sie Himmel und Hölle für eine sanfte Geburt in Bewegung gesetzt haben, wollen sie, daß die Kleine schwimmt wie ein Fisch, bevor sie sitzen kann. Sie ziehen sie am Beckenrand aus und lassen sie in ihren Armen ins Wasser gleiten. Wenn die Kleine nun vor Schreck und Widerwillen erstarrt, wiegen sie sie im gechlorten Urin und rufen »Juhu!« Wissen Sie, was mich an diesen Babys so stört? Richtig! Ich meine, Papierwindeln sind eine tolle Sache, aber alles hat seine Grenzen.

Sie *können* ein Baby das Schwimmen lehren. Ich kenne ein Elternpaar, das seine Kinder zu der Zeit bekam, in der man allen einen Schwimmreifen gab und brüllte: »Fall ja nicht ins Wasser, sonst bring ich dich um!« Dann folgte eine Nachzüglerin, angebetet und zum Babyschwimmen ausersehen. Mit fünf Jahren kraulte sie mir davon und hatte noch Kraft genug, um eine Tüte Chips zu öffnen, aber irgendwie entwickelten sich ihre

Eltern zu furchtbaren Langweilern, und wir luden sie nicht mehr zum Essen ein.

Sie sollten warten, bis Ihr Kind das Alter der perfekten Blasenkontrolle erreicht hat und dann jemand anderen bitten, ihm das Schwimmen beizubringen. Eltern sind miserable Lehrer. Sie drängen zu sehr, ignorieren das Flehen eines nervösen und nicht allzu vertrauensvollen Anfängers und können es schlichtweg nicht fassen, daß sie so ein unglaublich begriffsstutziges Kind in die Welt gesetzt haben.

Dann gibt es Pfadfinderinnen und Pfadfinder. Uniformen, Gelöbnisse und Vorschriften, alles so gesund, wie es Uniformen und Gelöbnisse eben sein können. Und Lagerfeuer und Gesänge an denselben.

Manche Leute mögen eben Uniformen. Wenn Ihr Sohn dazugehört, warum soll er nicht was Praktisches lernen – das Rote Kreuz hat auch eine Jugendorganisation. Erste Hilfe ist sicher nützlicher als das Winkeralphabet, und im Sommer wird er sein Wissen bei jedem Gartenfest in der näheren und weiteren Umgebung anwenden können. Will er hingegen zu den Soldaten, so wird er sich noch eine Weile gedulden müssen. Bei uns könnte er schon mal in ein Kadettenkorps eintreten.

Für das Kind, das lieber die andere Wange hinhält, gibt es Bibelgruppen und ähnliches. Schon zu meiner Zeit versuchte man den religiösen Bereich mit Leck & Kleb-Bildern der beliebtesten biblischen Geschichten sowie Ausflügen zu beleben, also nehme ich an, daß das Ganze inzwischen angesichts der zunehmenden Kirchenaustritte und der allgemeinen Gottlosigkeit zum absoluten Superspaß umgestaltet worden ist. Der einzige Haken daran: Sie können am Sonntag nicht so lange wie gewohnt im Bett bleiben. Haben Sie stets genügend Muße für ein Frühstück mit drei Gängen und eine bequeme Nahverkehrsverbindung zum Büro, so wird das kein allzu großes Opfer sein. Aber wenn Sie wie ich Ihr Berufsleben hauptsächlich damit verbringen, auf die Autobahn und wieder von ihr runter zu kommen, dann vermerken Sie es möglicherweise übel, daß Sie am Sonntag den Wecker stellen müssen, weil Jesus Ihren Hans-Georg als Sonnenschein braucht.

In diesem Fall ist Briefmarkensammeln vielleicht ein akzeptabler Kompromiß. Sammeln ist tatsächlich nicht schlecht, solange Sie etwas haben, wo Sie's verwahren können, und solange die Idee, sich auf nagelneue Bleistiftspitzer oder abgeschnittene Zehennägel zu spezialisieren, vom Kind stammt und nicht von Ihnen. War es Ihre Idee, so wollen Sie sammeln, also sollten Sie damit rausrücken und es offen sagen – selbst wenn das Objekt Ihrer Begierde untragbare Ohrringe von erlesener Geschmacklosigkeit sind. Dann kann Ihr Kind in aller Ruhe leere Limoflaschen sammeln, Michael Jacksons Gesicht auf die beschlagene Fensterscheibe malen und seine freie Zeit genießen.

Kurz und herzlos: LASSEN SIE'S. Von Ihren Kindern bekommen Sie schon allen Dreck und Kummer, den Sie brauchen. Aber von diesen meinen Worten werden Sie sich nicht abhalten lassen. Also muß ich Ihnen wenigstens erklären, warum Sie's nicht hätten tun sollen, warum Sie's doch getan haben, und was Sie jetzt, nachdem Sie so töricht waren, noch tun können.

Sie werden Leute sagen gehört haben, ohne Hundehaare sei ein Haus kein Zuhause und Haustiere seien gut für Kinder. Das ist eine sehr einseitige Meinung. Denn wie sehen das die Haustiere ? Schweigen sie aus Taktgefühl oder aus schierer Hoffnungslosigkeit? Man muß mich erst noch davon überzeugen, daß Kinder und Haustiere einander viel zu bieten haben. Und wenn Sie sich nach Hundehaaren sehnen, dann schicken Sie mir ein frankiertes Rückkuvert.

Der Glaube, daß ein kleiner Junge, der mit Tieren aufwächst, eine verantwortliche Einstellung den Schwachen und Hilflosen gegenüber entwickelt und als Zugabe etwas von Zoologie erfährt, ist weit verbreitet. Nur funktioniert es nicht. Verantwortungsgefühl wird zu langsam erlernt, als daß der kurzlebige Hamster viel davon hätte. Es muß regelmäßig im Umgang mit anderen Menschen und mit sich selbst geübt werden. Einige Leute erreichen in mittleren Jahren ein achtbares Niveau, aber das Ganze gleicht dem Versuch, mit dem Auto im Rückwärtsgang um eine Ecke zu fahren. Manche kriegen den Dreh einfach nie raus. Und Zoologie lernt man durch sorgfältige, systematische Beobachtungs- und Forschungsarbeit. Nicht dadurch, daß man zweimal täglich an einem Stall mit nassem Heu und einem todtraurigen Kaninchen vorbeigeht.

Im Grund halten wir Haustiere, weil wir für den Reiz

des Neuen anfällig, unvernünftig und nur zu schnell bereit sind, uns von etwas Weichem und Hilflosem verführen zu lassen.

Stellen Sie eine Liste von all der weichen Hilflosigkeit in Ihrem Leben auf. Sind Sie sicher, daß Sie noch mehr davon wollen? Ich weiß genau, welche Anziehungskraft Tierkinder haben. Sie können sie hochheben, so ziemlich alles mit ihnen machen, was Sie wollen, und sie geben keine frechen Antworten. Aber das tun auch tierförmige Behältnisse für Nachthemden und tierförmige Pantoffeln nicht, und wenn Sie ihrer müde sind, können Sie sie zu irgendeinem Wohltätigkeitsbasar geben und sind sie los. Es sei denn, Sie haben die Art Kinder, die die ganze Nacht vor solchen Basaren Schlange stehen, damit sie zurückkaufen können, was Sie ausgemustert haben.

Doch Tierkinder werden größer. Sie kosten Geld, machen Umstände und wachsen Ihnen so ans Herz, daß Sie vor Schuldgefühlen und Kummer nur noch ein Schatten Ihrer selbst sind, wenn sie krank werden und sterben. Geben Sie statt dessen einem herrenlosen Nylonbärenfell ein gutes Zuhause. Es beißt Ihren Briefträger nicht, Sie können mit dem Staubsauber drübergehen, wenn es anfängt, zu riechen, und Sie müssen nie zum Tierarzt mit ihm.

Tierärzte sind nicht mein Fall. Wenn überhaupt, mag ich ihnen allenfalls auf Partys begegnen. Egal, wie lässig und gemütlich sie wirken, lieber gehe ich jeden Tag zum Zahnarzt. Irgendwie sind all die netten Routinebesuche – Impfungen, Krallenschneiden und so weiter – verblaßt, und ich habe nur noch starke Erinnerungen an ein Kaninchen, dem nicht mehr zu helfen war, und an den lieben alten Hund mit dem fauligen Atem, der eingeschläfert werden mußte.

Ich möchte wetten, daß es unter Ihnen immer noch einige gibt, die glauben, ein Meerschweinchen sei genau das, was Paul in Biologie brillieren läßt und mit zum Aufbau einer liebevollen Beziehung zu seinen Schwestern beiträgt. Stimmt's? Etwas Kleines und Pelziges. Mit dem Paul umgehen und das er füttern und dem er einen Namen geben kann. Und das stinkt.

Wenn Sie sich für ein Kaninchen entscheiden, bleibt der Gestank, sehr warme Tage ausgenommen, draußen. Bei Hamstern und Mäusen ist er ungefähr ebenso intensiv, aber er kommt einem schlimmer vor, weil er sich in dem begrenzten Raum ausbreitet, den man sein Zuhause nennt.

Das Aufregendste an diesen Tieren ist, die Geschlechter im richtigen Verhältnis zu mischen, so daß sie sich fortpflanzen können. Selbst für Erwachsene ist es eine hübsche Überraschung, wenn sie ein Nest voll kleiner rosiger piepsender Geschöpfe finden. Nett ist es auch, ihr Heranwachsen in den ersten paar Wochen zu verfolgen und eine Seelenmesse für diejenigen zu lesen, die totgequetscht werden. Danach wird's langweilig. Für Sie und die Hamster. Lassen Sie sie aus dem Käfig, damit sie sich die Beinchen vertreten können, so sausen sie schnurstracks zu Ihrem Sofa, verschwinden darin und erscheinen erst wieder, wenn sie dessen Eingeweide in Sägemehl verwandelt haben. Dulden Sie's, daß sie Nachwuchs haben, so werden auch gute Freunde in dem Moment, wo Ihre Kleinanzeige beim Zeitschriftenhändler im Schaufenster hängt, so tun, als kennten Sie sie nicht, und aus Angst vor dem, was Sie ihnen anbieten könnten, auf die andere Straßenseite eilen. Und kein Mensch will den Hamsterkäfig ausmisten. Gewiß, Ihre Kinder reden davon , sie horten alte Zeitungen, sie erstellen sogar einen schriftlichen Dienstplan, aber niemand geht hin und *tut* es.

Wenn es zu spät ist, wenn Sie bereits auf einen dieser Nagestinker reingefallen sind – hier ein winziger Trost. Sie leben nicht lange. Länger zwar, als es der Aufmerksamkeitsspanne des Durchschnittskindes entspricht, aber immerhin nicht so lange wie die anderen Tiere, die Sie sich auch nicht zulegen sollten. Pferde, Papageien und Schildkröten zum Beispiel.

Wenn Sie sich schon auf Pferde eingelassen haben, sind

Sie wahrscheinlich von wohlmeinenden Amateuren nicht mehr zu erreichen. Entweder müssen Sie den Zweigstellenleiter Ihrer Bank bitten, streng mit Ihnen zu verfahren, oder Sie müssen den Kelch bis zur bitteren Neige austrinken.

Ein Pferd wird Sie um jedes freie Wochenende und alles Geld bringen, das Sie haben. Und als wäre das noch nicht genug, wird Ihr Tisch ständig unter einer kolossalen Last von Sattel- und Zaumzeug verschwinden und werden Ihre Kinder rüde Ausdrücke aufschnappen und schlechte Angewohnheiten übernehmen, die einer weit höheren Gesellschaftsschicht als der Ihren vorbehalten sind. Eines muß ich freilich zugunsten von Pferden sagen: Wenn Sie einen Kamin haben, macht sich keines vor dem Feuer breit.

Ein Papagei wird Ihre Kinder ebenfalls neue Wörter lehren, aber Ihnen nicht stapelweise Stallrechnungen ins Haus flattern lassen. Er wird nur Ihre Tapeten verspeisen, Ihren Putz aushöhlen und Sie überleben. Sie müssen also testamentarisch Vorsorge für ihn treffen.

Und Schildkröten sind unschöne Kreaturen. Sie müssen lernen, ohne sie auszukommen. Es ist wahr, daß sie ein Teil der unendlichen Vielfalt der Natur und für ihre Mitschildkröten wichtig sind, aber der Mensch hat keinen Grund, in nähere Beziehungen zu ihnen zu treten. Sie tun kaum was außer atmen, sie haben eine schwache Konstitution, und sie sind Bazillenmutterschiffe. Betrachten Sie es so: Sie mögen nicht viel von Nordafrika halten, aber Schildkröten gefällt es da wirklich gut. Wie wär's mit einer Katze?

Für Katzen spricht einiges. Wenn Menschen unwürdig vor ihnen kriechen, ist ihnen das ziemlich egal, sie gehen selbständig spazieren, und sie machen nie in den eigenen Garten. Eine zu bekommen, ist kein Problem. Wenn Sie nur das zweifarbige Standardmodell mit einem Bein an jeder Ecke wollen – das kriegen Sie überall geschenkt.

Suchen Sie sich ein Kätzchen aus, das bei seiner Mutter geblieben ist, nachdem der Rest des Wurfs aus dem Haus war. Lassen Sie sich nicht von dem Wissen schrecken, was dies manchmal bei Menschen zur Folge hat. Ein Kätzchen kann viel von seiner Mutter lernen. Sie wird ungeduldig und nicht allzu großzügig gewesen sein, und sie wird sich sehr viel weniger Zeit genommen haben, um ihre Kinder in Form zu bringen, als Sie selbst.

Brauchen Sie ein bißchen zusätzlichen Streß in Ihrem Leben, so können Sie einen Haufen Geld für eine Rassekatze ausgeben oder Ihrem Kater erlauben, in bezug auf sein Fressen tyrannisch zu werden.

Erinnern Sie sich an die Zeit, als es noch keine Katzenfertignahrung gab und wir alle improvisierten? Als sich die Katzen mit dem begnügen mußten, was bei Tisch übrig blieb, und dem, was sie sich mehr oder minder gewitzt selbst fingen? So können diese Tiere immer noch leben. Katzen auf dem Bauernhof tun es. Deshalb sind sie unaufdringlich und schlau. Das ist die Art Katze, die Sie wollen.

Wenn Sie einen Kater haben und Ihr erstes Kind bekommen, müssen Sie aufpassen. Ein wohletablierter Kater macht sich eventuell Sorgen um seinen Besitzstand. Nicht ohne Grund gibt es einen blühenden Markt für Katzennetze, die man über Bettchen und Kinderwagen spannen kann. Ein warmes schlafendes Baby ist ein sehr bequemes Kissen für einen Kater. Überwachen Sie ihn in den ersten paar Monaten. Wenn er psychisch gesund ist, ignoriert er Menschen bald wieder. Später müssen Sie das Kind überwachen. Sie sollten nicht davon ausgehen, daß Ihr Kater, weil er sich rasch absetzen kann, dies auch immer tut. Es mag ein verregneter Nachmittag kommen, an dem er beschließt, zu bleiben und den kleinen Quälgeist zu kratzen, der ihn dauernd am Schwanz festhält. Wenn Ihr Kind Krallenspuren im Gesicht hat und Ihr Kater mit kahlen Stellen im Fell die Straße hinunterwetzt, können Sie Ihr Leben darauf verwetten, daß es nicht der Kater war, der angefangen hat.

Nun müssen wir uns bedauerlicherweise mit Hunden beschäftigen. Ich hätte es gerne noch aufgeschoben, aber es läßt sich nicht mehr vermeiden.

Hunde haben alle mal als junge Hunde angefangen. Junge Hunde haben große Augen, unbeholfen wedelnde Schweife und mindestens vier wacklige Beine. Bitte kaufen Sie keinen.

Junge Hunde sind ein Fulltimejob. Kinder ebenfalls. Vermarkten Sie außerdem Ihre eigene Software, nähen Sie Ihre Kissenbezüge selbst und machen Sie einen Grundkurs an der Fernuniversität, so haben Sie drei weitere Fulltimejobs. Und wenn Sie Ihr erstes Kind erwarten, sollten Sie dann nicht irgendwo lernen, wie man eine Gummipuppe badet?

Ein junger Hund ist eine raffiniert getarnte Landplage. Das heißt, auf den ersten Blick werden Sie ihn lieben. Sobald Sie ihn im Haus haben, erkennen Sie ihn als das, was er wirklich ist: eine Abbruchkolonne im Fellmantel.

Ich nenne Ihnen ein paar Dinge, die ein junger Hund nicht frißt: Das Empire State Building. Fernleitungsmasten. Und sich selbst. Außer es ist Monate her, daß er etwas gefressen hat. Ansonsten ist die ganze Welt sein Futternapf. Sie brauchen nichts abzukochen, mit Soße zu begießen oder aufzuschneiden. Lassen Sie's einfach an einem Ort, wo er Ihrer Meinung nach nie rankommt, und den Rest besorgt er selbst.

Hier ist noch eine Liste. Es handelt sich um tatsächlich von einer aufgeweckten jungen Hündin gefressene Dinge, die viermal am Tag Rindsleber, Kaldaunen, mit Kalzium angereicherte Hundenahrung, Eiercreme und einen Markknochen bekam, der gerade die richtige Größe hatte, um in ihr Körbchen geschleift zu werden. Also: drei Topfkratzer, ein Scheuerlappen, zwei einzelne Schaffellhandschuhe, ein Ersttagsbrief von der Post, ein silberner Serviettenring und drei Buschrosen. Ich habe ein bißchen übertrieben. Sie veränderte lediglich die Form des Serviettenrings, und sie machte die Rosen zwar fertig, aber sie war kein solcher Vielfraß, daß sie sie verzehrte.

Wie nicht anders zu erwarten bei denen, die erst fressen und dann denken, erbrechen sich junge Hunde oft und koten wahllos in die Gegend. Ich kann Ihnen verraten, daß Topfkratzer unverändert durchlaufen. Von Schaffell kriegen junge Hunde Durchfall, und Silberpapier kommt dekorativ verarbeitet heraus – als eine Art Fabergé-Haufen. All das ist unhygienisch, zeitaufwendig und liest sich nicht angenehm, aber wir sind leider noch nicht fertig. Denn während Ihr junger Hund alles frißt, was sich nicht bewegt, wird er einiges einfangen, das sich bewegt: Würmer, Zecken, Flöhe und sonstige Untermieter. Und wenn Sie versuchen, die zwangszuräumen, wird er Ihnen kein bißchen behilflich sein. Er wird so tun, als schluckte er seine Wurmpille, und dann wird er Ihnen treu in die Augen schauen und die Pille unterm Zaun auf die Terrasse Ihres Nachbarn husten. Das ist das Problem mit Hunden. Sie sind nicht integer.

Wenn Sie seinen Speisezettel ausgewogen gestaltet, was er unter sich läßt, aufgewischt und ihn von Parasiten befreit haben, wird es Zeit, ihn zu erziehen. Junge Hunde brauchen viel Erziehung. Ohne die entwickeln sie sich zum Europäischen Durchschnittshund. Das heißt, sie springen an Fremden hoch, jagen Autos, bellen endlos und besetzen einen so großen Teil Ihres Betts, daß Sie woanders schlafen müssen. Die Erziehung soll ihm diese Laster austreiben, und Sie können gar nicht früh genug damit anfangen. Sie müssen es jeden Tag gewissermaßen anfallsweise tun und außerdem eine gute Mutter oder ein guter Vater, eine aufrechte Bürgerin oder ein aufrechter Bürger und ein harmonischer Mensch mit zahlreichen Interessen sein. Sie sehen, worauf das hinausläuft, ja? Und Sie müssen mit der Erziehung fortfahren, bis Ihr junger Hund halbwegs zivilisiert ist.

Ich habe Ihnen davon abgeraten, einen zu kaufen. Tun Sie's wenigstens nicht, wenn Sie kleine Kinder haben.

Wir kommen zu ausgewachsenen Hunden. Die sind anders als junge. Weniger umtriebig, aber dafür sitzen die schlechten Angewohnheiten tiefer.

Die nettesten Hunde sind die anderer Leute, aus der Ferne beim Herumtollen in menschenleeren Gegenden betrachtet. Aber Ihr eigener Hund hat Bedürfnisse, und wenn Sie nicht in einem großen verlotterten Haus mit großem verlottertem Grundstück und vielen großen verlotterten frischluftfanatischen und hundenärrischen Mitbewohnern leben, wird er sich, was Gesellschaft und Auslauf betrifft, ganz auf Sie verlassen. Sind Ihre Kinder noch klein, so können sie weder mit ihm spazierengehen noch ihn dazu kriegen, daß er seine Vitamintablette schluckt, und Sie selbst werden zu müde dafür sein. Es ist praktisch unmöglich, einen Kinderwagen zu schieben, das erfüllte Leben eines mündigen Erwachsenen zu führen *und* einem Afghanen genug Auslauf zu geben. Wenn Ihre Kinder größer sind, sieht es auch nicht besser aus. Sie werden nie daran denken, mit Bello Gassi zu gehen, ihn zu füttern und/oder zu entwurmen, sie werden sich bitter beklagen, wenn er auf dem Schachbrett sitzt, und es wird Ihnen überlassen bleiben, eines der großen Rätsel des Lebens zu lösen. Wo soll ein Hund machen, was er nun mal zu machen hat?

Wenn es eines stichhaltigen Arguments bedarf, um Sie von der Anschaffung eines Hundes abzubringen, dürfte es Hundescheiße sein. Die westliche Welt ist voll davon. Eines Tages wird sich die Erdachse durch ihr Gewicht verschieben, und dann finden wir uns alle als Mitwirkende eines Katastrophenfilms wieder. Verlassen Sie sich drauf.

Neigen Sie zum Müßiggang und zur Schlamperei und schieben Bello jedesmal, wenn er unruhig im Kreis zu laufen beginnt, aus der Küchentür, so bekommen Sie letzten Endes nur das, was Sie verdienen. Eines Morgens werden Sie barfuß über den Rasen wandeln, um eine taufrische Rose zu pflücken, und plötzlich werden Männer in Entseuchungsanzügen Sie mit einem Wasserschlauch abspritzen. Weil Bello Ihren schönen Garten in ein Sperrgebiet verwandelt hat. Und es wird sich herumgesprochen haben. »Gehn wir zu Bello, seinen Besitzern ist das egal.« Kein Mittagessen im Freien mehr. Kein Platz zum Fußballspielen. Und ganz gewiß kein Rosenpflücken am frühen Morgen. Sie können versuchen, alles aufzuschippen, bevor Besuch kommt, aber *einen* Haufen werden Sie übersehen – und in den tritt dann das Kind Ihres Besuchs. Dulden Sie es nicht, daß Ihr Hund Ihren Garten als Toilette mißbraucht. Gehen Sie lieber zweimal am Tag mit ihm Gassi und lassen Sie's ihn woanders besorgen. Auf dem Bürgersteig zum Beispiel. Oder in Nachbars Garten.

Verstehen Sie, was ich meine? Die normalen Körperfunktionen des Hundes machen das Zusammenleben mit ihm widerlich. Er mag treu und schön und im Stöckchenholen unerreicht sein, aber es läuft immer auf etwas Ekliges an Ihrer Schuhsohle hinaus.

Vielleicht hatten Sie an Exotischeres gedacht. Ein Aquarium oder Terrarium oder ein Goldfischglas mit Froschlaich? Wieder falsch. Jedenfalls für Ihre Kinder. Wirklich exotische Dinge sind nur was für erwachsene Enthusiasten, die nicht nach drei Wochen plötzlich Eishockey viel toller finden und die nie ins Eurodisneyland oder an einen anderen Ort reisen wollen, wohin man eine Plastikwanne voller Fische nicht mitnehmen kann. Je seltsamer das Tier, desto seltsamer – meist jedenfalls – seine Nahrung. Worauf lassen Sie sich also ein? Auf eine eigene Fliegenzucht? Auf Nacktschneckenjagden in der Dämmerung? Gibt es jemanden, der es für Sie tut, wenn Sie die Treppe runterfallen und sich beide Beine brechen? Nein, oder? Wenn Sie keine Menschenseele dazu bewegen konnten, an dem Tag, an dem Sie bei der Bootsausstellung aufgehalten wurden, Albert seinen Tee zu geben, wen, zum Teufel, wollen Sie dann dazu kriegen, daß er der Pythonschlange eine lebende Maus vorwirft?

Und Froschlaich ist schlichtweg inhuman. Ein Marmeladenglas Leitungswasser ist nicht der richtige Lebensraum für zweihundert Kaulquappen. Kinder können alles über den Lebenszyklus des Froschs aus Büchern erfahren, und besteht die Schule auf Studien am lebenden Objekt, so würde ich meinen, ein halbes Dutzend Kaulquappen pro Lehranstalt seien mehr als genug.

Heute sind Tiere in der Schule der letzte Schrei. Zu meiner Zeit waren nur Kopfläuse und ein Knabe namens Viktor erlaubt, aber das hat sich geändert. Bevor Ihr Kind eingeschult wird, sollten Sie es gelehrt haben, wie man sich den Po wischt, wie man mit Unsympathen verfährt, die einem den Schokoriegel klauen wollen, und wie man auf beiden Händen sitzt, wenn der Lehrer fragt, wer sich in den großen Ferien um den Schulhamster kümmern möchte. Warum sich Ihr Kind da nicht melden soll? Weil Schulhamster gewöhnlich bis zur Mitte der großen Ferien warten, um zu sterben. Und wie fühlen Sie sich dann? *Wenn* Sie in der Zoohandlung einen eineiigen Zwilling von ihm finden und in den Käfig setzen, bevor dpa und Reuter Wind davon bekommen, geht es vielleicht gut, aber zu dieser Zeit sind die Zoohandlungen voll von verzweifelten Menschen, die mit starren Fingern Polaroids von toten Schulhamstern halten. Vielleicht haben Sie kein Glück. Und in diesem Fall müssen Sie sich am ersten Schultag fünfhundert anklagenden Augenpaaren und dem gesamten Lehrerkollegium stellen.

Haben Sie Kinder, so haben Sie noch einen Kontakt mit Tieren, und zwar im Zoo. Ich weiß keine Erklärung dafür, aber er verliert nie seinen Reiz. Es ist teuer, einen Zoo zu betreten, noch teurer, einen zu betreiben, und trotz des vielen Geldes, das am Drehkreuz den Besitzer wechselt, sieht alles schäbig und ärmlich aus. Schlimmer noch, es dauert nicht lange, bis Sie merken, daß Ihre Kinder zu sonstwas gelangen, aber bestimmt zu keinem besseren Verständnis des Tierreichs. Unsere Kinder *ha-*

ben einiges im Zoo gelernt. Daß es auf der Toilette nie Toilettenpapier gibt, daß ein müder Erwachsener fast alles »So 'ne Art Antilope« nennt und daß Elefantenmist ungefähr die Dimensionen hat, die man erwartet. Was sie sonst von Tieren wissen, haben sie im Fernsehen aufgeschnappt oder in unseren eselsohrigen Naturführern gelesen. Bei den Flamingos habe ich beobachtet, wie ein Kind einen Spatz, der ein Staubbad nahm, sehr aufregend fand. Und am Ende eines anstrengenden Tages mit Löwen, Tigern und Braunbären hörte ich mit Interesse, daß es ihnen am besten gefallen hatte, die Dosenverschlüsse aufzuheben, die andere Leute weggeworfen hatten, und Fritten im Auto zu essen, weil Papa zu kaputt zum Kochen war.

Der einzige entfernt pädagogisch wirksame Kontakt mit Tieren ist der sachlich-geschäftsmäßige. Wie auf dem Bauernhof. Kinder, die dort aufwachsen, begreifen bald, was läuft. Alle sind mit Zweck und Ziel da, um niemanden wird herumscharwenzelt, und es ist deutlich zu sehen, wer wen frißt. Natürlich können nicht sämtliche Menschen Bauern sein. Aber es gibt viele Leute, die ihre Kinder in halbwegs ländlicher Umgebung großziehen und so tun, als ob. Die ein paar Tiere halten und beinahe hoffen, diese würden selbst für Unterkunft und Verpflegung aufkommen. Hühner und Enten zum Beispiel. Und die gemeine und niederträchtige Ziege.

Mit Hühnern und Enten können Sie Ihren Kindern die rauhen Seiten der Natur phantastisch näherbringen. Ein bißchen Platz benötigen Sie allerdings. Sie *können* auch in der Vorstadt Bauernhof spielen, aber es wird mit Tränen enden. Ihre Nachbarn werden nicht mehr mit Ihnen sprechen, und Ihre Tiere werden nach und nach eines furchtbaren und durchaus städtischen Todes sterben. Hühner brauchen etwas Trockenes, wo sie scharren, Enten etwas Nasses, wo sie schwimmen können, und sie alle müssen über Nacht in einen Stall oder Schuppen gesperrt werden, es sei denn, Sie sind bereit, Ratten und Füchse mit ins Szenario zu nehmen. Nichts zeigt so gut wie der Betrieb einer Minigeflügelfarm, in welch harter Welt wir leben. Wenn Sie auf frische Eier versessen sind und mehr als zwei Leute ernähren müssen, kosten die Extrarationen für die Hühner ganz schön viel Geld. Steht Ihnen der Sinn nach *Poule au pot* oder knusprig gebratener Jungente, so gehen Sie besser ins Restaurant. Fleischscheiben, die einst Daisy hießen, können einem den besten Appetit verderben. Aber wenn Sie wollen, daß Ihre Kinder erfahren, was für eine Tragödie blinde Zerstörungswut ist, oder sich die nützliche Lehre einprägen, daß man sich vorsehen muß im Leben, sind Hühner und Füchse sehr geeignete Exempel. Und möchten Sie Ihren Kindern zeigen, wie lausig Mütter sein können, so machen Sie sie mit einer Ente bekannt.

Autarkiegelüste packen die Menschen anfallsweise und auf verschiedene Arten. Ich kann Ihnen nur sagen, wenn Sie kleine Kinder haben, sind Sie mit Gemüse besser beraten als mit Tieren, am besten aber mit zwei Ruhesesseln und einem brauchbaren Gemüseladen.

Haben Sie in einem Monat der innovativen Narretei ja zu einer Ziege gesagt, so gibt es nur eins. Fahren Sie ans nächstgelegene Meer, packen Sie sie in ein Boot, rudern Sie zu einer unbewohnten Insel und lassen Sie sie dort. Wasser ist das einzige, was sie zurückhält. Bevor nun die Ziegenlobby anrückt und mich niederknüppelt, muß ich Ihnen noch sagen, daß Ziegen mit spielerischer Leichtigkeit Gärten und Freundschaften zerstören, feuchtes Klima schlecht vertragen und hohe Futterkosten verursachen, wenn Sie Milch von ihnen wollen. Von einer Ziege bekommen Sie nichts umsonst. Gewiß, ihre Milch ist gut für Kinder und Kranke, aber versuchen Sie Kinder großzuziehen oder zu genesen, so sollten Sie nicht in der Nähe der teuflischsten Fleischlieferantin leben, die je auf vier Beinen stand. Sie können Ziegenmilch auch in hübschen kleinen gewachsten Kartons kaufen.

Noch ein letztes Wort. In jeder Familie gibt es jemanden, der Vögel mit gebrochenen Flügeln nach Hause bringt. Spielen Sie nicht den heiligen Franziskus von Assisi. Man hört in der Tat dann und wann von zerfleischten Igeln, die durch warme Milch und Gebete ins Leben zurückgeholt wurden, aber im allgemeinen sterben sie. Und wenn ich ein sterbender Igel wäre, würde ich mich lieber unter die nächste Hecke schleppen und so sterben, wie mir's gefällt, als meine letzten Stunden in einem Schuhkarton zu verbringen, mit Müsli zwangsernährt zu werden und auf den Namen Mecki hören zu müssen. Sie nicht auch?

Die schönste Zeit im Jahr

Stellen Sie sich unter Urlaub Campari am Swimmingpool, Tanz bis zum Morgengrauen und nahtlose Sonnenbräune vor, so sollten Sie sich vielleicht sterilisieren lassen. Andernfalls, das muß ich Ihnen gleich sagen, sprechen wir von Schaufeln und Eimern.

Ich darf Ihnen auch nicht verschweigen, daß ich Ferien eigentlich nicht mag. Ich bin in den letzten sechzehn Jahren viermal in die Ferne verschleppt worden. Nie länger als eine Woche, aber ich hatte jedesmal Heimweh und machte mir Gedanken darüber, ob die Kaninchen richtig gefüttert wurden und ob die Spekulanten unsere Straße nicht irgendwohin verlegten, wo wir sie nicht mehr fanden. Wenn wir's uns je leisten können, in der Karibik zu überwintern, weiß ich nicht, was ich tun soll. Vielleicht stecke ich unsere Pässe in die Waschmaschine.

Urlaub ist das, was wir alle angeblich von Zeit zu Zeit brauchen. Tapetenwechsel, andere Gesellschaft und Flucht vor der Arbeit, weil die meisten von uns die Art und Weise hassen, auf die sie ihr Geld verdienen. Menschen, die dafür bezahlt werden, das zu machen, was ihnen am liebsten ist, werden nie durch Ferienwohnungen in Versuchung geführt, also sind sie doppelt gesegnet. Wir übrigen haben nicht soviel Glück. Wir müssen dann und wann irgendwoandershin fahren, um uns daran zu erinnern, daß die Arbeit doch nicht so übel ist.

Als unsere Kinder noch sehr klein waren, sagte ich immer, ich brauchte nicht mal zwanzig Kilometer zu reisen, wenn ich meinen Lebensstil verändern wollte. Etwas sehr viel Einfacheres würde mir schon genügen. Zum Beispiel eine Nacht ungestörten Schlafes in einer schalldichten Kabine. Oder ein anderer Weg zum Einkaufen. Außerdem hätten wir einen Möbelwagen benötigt, um mit all dem Babykram irgendwohin zu kommen.

Sobald Sie Kinder haben, verengen sich Ihre Urlaubsperspektiven. Zwei Wochen Seeluft – das geht nur in den großen Ferien, denn wenn Sie den Knaben mitten im Schuljahr ans Meer karren, schafft er nicht mal die Mittlere Reife. Zwei Wochen sind sowieso verkehrt. Wenn Sie nicht so reich sind, daß Sie sich ein Haus für den ganzen Sommer mieten und es mit Freunden, eingehenden Topfpflanzen und all den Dingen füllen können, die aus einem Haus ein Heim machen, sollten Sie sich nicht auf zwei Wochen kaprizieren. Die meisten von uns können nur zehn Tage verreisen, ohne zu vermissen, was sie zurückgelassen haben. Danach wächst die Nervosität. Es zeigt sich an Kleinigkeiten. Männer wandern mit hochgezogenen Schultern am Strand und träumen davon, was sie alles machen könnten, wenn sie zu Hause wären und ihren Werkzeugkasten in der Nähe hätten. Frauen in Regenhäuten kaufen billige Klunker, um die Sehnsucht nach ihren Schlafzimmerpantoffeln und einer Tasse gutem Tee zu lindern. Leute, die zu lange geblieben sind. Sie hätten schon am Samstag abreisen und die zweite Woche damit verbringen sollen, den Sand aus allem, was sie haben, auszuschütteln.

Auf der Skala des Ferienglanzes gilt als absoluter Höhepunkt der Aufenthalt in einem Hotel und als absoluter Tiefpunkt ein Campingurlaub. Das ist eine von jenen empörenden Bemerkungen, die ich in Gegenwart eines Campingfans nie machen würde. Campingfans sind äußerst leidenschaftliche Menschen. Sie verteidigen ihre traurigen Gepflogenheiten mit lauten Worten, Diagrammen und handgreiflicher Begeisterung. Was könnte besser sein, so sagen sie, als in einem Zelt zu liegen, den Duft seiner Lieben in der Nase zu haben, auf den Regen zu lauschen und auszurechnen, wieviel Geld man spart? Fast alles, würde ich behaupten. Mir fällt auf Anhieb nur eines ein, das noch schlimmer ist. In einem Zelt liegen und wissen, daß jenseits des Campingplatzes ein unverschämt teurer Supermarkt ist, der all die erbärmlichen drittklassigen Fressalien verkauft, mit denen man sich den Rest des Jahres abfinden muß, und mitbekommen, daß es den Kindern – egal, was man ihnen anbietet – am liebsten ist, den ganzen Tag rund ums Toilettengebäude Versteck zu spielen. Ich weiß, Zelten ist nicht mehr, was es mal war. Ich weiß, man muß sein Kochgeschirr nicht mehr an einen Ast hängen und stundenlang Feuerholz sammeln. Ich weiß, manche Zelte haben Schlaf- und Wohn- und Eßzimmer, von Doppelgarage, Zentralheizung und weitläufigem Garten mit gepflegtem Rasen ganz zu schweigen. Ich weiß, man kann eine Glotze mit Hilfe eines Netzteils betreiben, die Kleidung in feschem Zustand halten dank eines flotten Freiluftbügelbretts und überhaupt kaum merken, daß man sein Zuhause verlassen hat. Ich finde trotzdem, sie stinkt, die Camperei.

Im Hotel ist es manchmal schwierig mit kleinen Kindern. Wenn Sie sich eines leisten können, das alles, aber auch wirklich alles bietet, finden Sie vielleicht ein paar Tage echte Ruhe. Unsichtbare Menschen heben Ihre Handtücher auf, schütteln Ihr Federbett aus und bedienen sich von Ihrem Parfüm. Andere bedienen *Sie* mit riesigen Platten voll filmreifer Nahrungsmittel. Hummer, Ananas und komplette Rinderfilets. Um ein Käsebrot müssen Sie kniefällig bitten, und alle Macht der Welt sichert Ihnen keine Grapefruit *ohne* glasierte Kirsche.

Diese Art Hotel sorgt möglicherweise auch für Kinder. Wenn es im Prospekt steht, können Sie sich wahrscheinlich auf gewisse Grundannehmlichkeiten verlassen. Sie werden zu einer so unchristlichen Zeit wie 17 Uhr ein Essen und einen Hochstuhl erhalten, ohne daß den Oberkellner der Schlag trifft. Es wird ein unappetitliches Planschbecken mit achtzehnjährigen Knaben, die sich gegenseitig auf die Schultern steigen, zur Verfügung stehen. Und es wird ein Babyphon geben. Das ist die wahre Befreiung. Denn nun können Sie dem Sangria zusprechen und alberne Tänze aufs Parkett legen, wissen Sie doch, sofern zwanzig Stockwerke über Ihnen – o Gott, und wenn nun ein Brand ausbricht – Ihr kleiner Zuckersohn auch nur leise wimmert, wird es das matte Wesen, das sich an der Rezeption die Zehennägel lackiert, vielleicht hören und eilen, um es Ihnen zu sagen. Vielleicht.

In einer kleinen Pension auf dem Land müssen Sie sich immerhin keine Gedanken darüber machen, ob Ihr Sprößling aufwacht. Sie können ihn ja vom Speisezimmer aus hören – Sie und alle anderen Gäste. Manchmal sind die Wirtsleute so wunderbar, daß sie sich erbieten, den Babysitter für Sie zu spielen. Richtig, nicht zwanzig Stockwerke tiefer mit angeknackster Haussprechanlage. Diese heiligmäßigen Menschen machen auch Lunchpakete für Sie, lächeln jedesmal, wenn Ihr Dreijähriger die Verandatür zuknallt, *und* bieten Ihnen mehrere Nachspeisen an. Einige nötigen Sie bei Regenwetter nicht mal zum Verlassen des Hauses. Wie anders waren die Pensionen meiner Kindheit! Da gab es eine in Wales, wo Hunde willkommen waren. Draußen konnte der Wind mit Sturmstärke blasen – die Wirtsleute sperrten einen immer noch aus und riefen durchs Schlüsselloch: »Steigt auf den Great Orme, da ist's schön.« Nur wenn man ein Corgi war, wurde einem die Tür geöffnet.

Haben Sie etwas gefunden, wo man sich an Ihren Namen erinnert und Ihnen eine Grapefruit ohne Kirsche vergönnt, so können Sie sich glücklich preisen. Ihr Problem mag dann sein, *nicht* jedes Jahr wieder hinzufahren. Sie werden die Leute nicht kränken wollen. Und es wird andere Stammgäste geben, die Ihre Freundschaft suchen. Menschen, die in der Sommerfrische furchtbar lustig sind, aber mit denen Sie nicht mal als Leiche zu Hause gesehen werden möchten, Menschen, die Ihnen Weihnachtskarten mit solchen Texten schicken: »Auf unseren feuchtfröhlichen Hüttenabend im August!«

Es gibt eine Alternative. Einen Kompromiß zwischen flappender Zeltleinwand und dem pompösen Schwachsinn eines Fünfsternehotels: Selbstversorgung. So zahlen Sie nur Geld dafür, woandershin zu fahren und dort genau das zu tun, was Sie getan hätten, wenn Sie zu Hause geblieben wären. Wie alle Kompromisse vereinigt er das Schlimmste in sich.

Selbstversorgen können Sie sich unter einem Ziegeldach oder in einem sargförmigen Schwitzkasten, der in deprimierendem Orange gehalten ist. Letzteren nennt man auch Wohnwagen.

Zunächst müssen Sie wissen, daß Kinder diese Dinger lieben. Je kleiner der Wohnwagen, desto mehr lieben sie ihn, und wenn sie mal einen gesehen haben, werden sie mehr sehen wollen und Ihnen dementsprechend zusetzen. Am besten bewältigen Sie diese schwierige Situation, indem Sie sie zu einer Wohnwagenausstellung mitnehmen. Ihre Kinder werden in fünfzig verschiedene Modelle sausen, alle versteckten Schränke finden, rauskriegen, wie sich der Gaskocher in ein Himmelbett verwandeln läßt, das nur für Ausstellungszwecke gedachte Trockenklo benutzen und sich königlich amüsieren. Mit viel Glück ist das Kapitel Wohnwagen damit für sie abgehakt, und Ihnen als Elternteil bleibt ein Nervenzusammenbruch in den Bergen erspart, den Sie genausogut zu Hause hätten haben können.

Stellen Sie sich Ihre Wohnung mit dem Durcheinander Ihrer normalen Aktivitäten vor. Stellen Sie sich vor, daß alle Familienmitglieder auf einmal da sind. Fügen Sie eine Kollektion von Eimern, Netzen, Bällen, Schwimmflossen, Puzzles mit achthundert Teilen, interessanten Muscheln und kaputten Thermosflaschen hinzu. Und nun reduzieren Sie das Ganze auf Kleiderschrankgröße. So wird Ihr Urlaub im Wohnwagen aussehen.

Wohnwagen sind was für ein, zwei Erwachsene, vorausgesetzt, sie halten Ordnung und verkraften extreme Temperaturschwankungen. Mit kleinen Kindern sind

Wohnwagen nichts weiter als ein Test Ihres Einfallsreichtums und Ihrer Liebe. Wenn Sie's nicht lassen können, dann umarmen Sie alle innig vor dem Aufbruch und sagen Sie, daß Sie das meiste von dem, was Sie brüllen werden, nicht so meinen.

Bei der Selbstversorgung hinter Ziegelmauern haben Sie sehr viel mehr Platz, auch wenn die sechs Leute, die laut Prospekt dort schlafen können, dies nicht unbedingt zur selben Zeit vermögen. Da Schlauchboote, Seetang und defekte Gummilatschen immer mehr Raum ausfüllen, sollten Sie am Ende des Urlaubs mindestens zwei Tage darauf verwenden, das Haus wieder in den Zustand zu bringen, in dem Sie es angefunden haben. Das ist, wenn Sie sich's recht überlegen, gar nicht die schlechteste Art der Vorbereitung auf das Jahr, das vor Ihnen liegt.

Mieten Sie Ihr Ferienquartier um Gottes willen nicht von Freunden. Sonst haben Sie das Gefühl, Sie müßten das Haus neu streichen und den Garten neu gestalten, bevor Sie abreisen. Und Sie werden es nicht übers Herz bringen, Ihren Freunden zu sagen, wie grauenhaft Sie es fanden.

Das Gute an der Selbstversorgung ist, daß Sie tun können, was Ihnen gefällt. Sie werden zwar Ihren alten Dosenöffner vermissen, mit dem niemand außer Ihnen umgehen kann, auch die warmen Pullis, die Sie nicht zu brauchen meinten, aber ansonsten sind Sie so frei wie die Vögel unter dem Himmel. Sie können aufstehen und essen, wann Sie wollen, und sind nicht unter Druck, solange Sie dafür sorgen, daß genug Milch da ist, sich zum Abendbrot etwas einfallen lassen, das alle goutieren, den Strand daran hindern, daß er ins Haus vordringt, und mit jedem Ball spielen, der Sie darum bittet.

Aber so glatt wird es leider nicht gehen. Selbstversorgen können Sie sich nur, wenn Sie klare Verhältnisse schaffen. Eine Hausordnung muß her. Wer keine Lust zu kochen hat, braucht es auch nicht zu tun. Wer immer in irgendeinem Bett gelegen hat, macht es gleich. Und wenn ein Elternteil sagt, er wolle nicht mitsamt seinem neuen Buch bis zum Hals im Schlick begraben werden, dann meint er's ernst. Versehen Sie jedes Kind mit einer Schachtel seiner Lieblingsfrühstücksflocken. Zeigen Sie ihm, wie die Entstehung von Dünen im Haus durch regelmäßigen Gebrauch von Schaufel und Besen verhindert werden kann. Und sagen Sie allen im Abstand von vier Stunden, was sie gerade Tolles erleben.

Wir haben die Möglichkeiten also etwas eingegrenzt. Auf eine familienfreundliche Pension oder ein pflegeleichtes Ferienhaus, das Fremden gehört. Aber wo soll es sein? Wollen Sie im Inland bleiben oder legen Sie Wert auf garantierten Sonnenschein?

Die erste Schwierigkeit mit garantiertem Sonnenschein ist die Entfernung, die Sie zurücklegen müssen, um in seinen Genuß zu kommen. Da gibt's manchmal nur eines: Fliegen, aber mit Kindern ist das etwas anderes als alleine. Es genügt nicht, daß Sie sich eine teure Zeitschrift kaufen und abwarten, wie gut Sie Wadenkrämpfe bei minimalem Spielraum für die Beine kontrollieren können. Bevor Sie's mit Ehrgeizigerem versuchen als einem Flug von London nach Glasgow, sollten Sie Vorarbeiten leisten.

Zu diesem Zweck brauchen Sie zwei Kinder mit sehr kleiner Blase und sehr niedriger Langeweileschwelle. Dann einen Bus, der Sie auf eine Fahrt von mindestens einer Stunde Dauer mitnimmt. Wählen Sie eine Tageszeit, zu der es so voll ist, daß jeder auf seinem Platz bleiben muß.

Wir war's? Gewiß wird Sie keine lippenstiftreiche Stewardeß mit Geflügelsalat und Zitronendufttüchlein verwöhnt haben. Höchstwahrscheinlich gab es auch kein Bordkino und keine braunen Spucktüten zum Spielen. Aber es dürfte in mancher Hinsicht sehr viel einfacher gewesen sein als ein Charterflug von hier nach Malaga. Es bestand nur ein äußerst geringes Risiko, entführt zu werden, ein noch geringeres, aus zehntausend Meter Höhe dem sicheren Tod entgegenzustürzen, und wenn es wirklich verheerend geworden wäre, hätten Sie immer noch bei der nächsten Haltestelle aussteigen und nach einem Taxi telefonieren können.

Wollen Sie das nun wirklich drei bis vier Stunden machen? Mit der zusätzlichen Sorge, ob Sie Ihre zollfreie Ware auf der Hin- oder auf der Rückreise kaufen sollen, und der Überlegung, ob Sie zu Hause das Gas abgedreht haben?

Und wenn Sie an jenem Ort mit garantiertem Sonnenschein sind, was tun Sie dann? In der Zeit zwischen Frühstück und Nachmittagskaffee werden Sie nicht zulassen können, daß sich Ihre Kinder aus dem Schatten eines sehr großen Sonnenschirms wagen. Sie werden ihnen Sonnenhüte aufbinden und sie regelmäßig mit Sonnenöl begießen müssen. Warum reisen Sie nicht in ein Land, wo es kühler ist?

Sie kennen wahrscheinlich genauso viele Leute wie ich, die schwören, nichts gefiele ihren Kindern besser als zwei Wochen in einem abgelegenen südfranzösischen Nest, wo Sie gespritzten Landwein trinken und jeden Morgen fünf Kilometer wandern, um bei einer sauertöpfischen alten Tante in Schwarz ein, zwei Baguettes zu kaufen. Diese Leute lügen. Kleine Kinder, die nicht gerade zufällig aus der Provence sind, mögen das nicht. Sie mögen kein Essen, das, die weiße Flagge schwenkend, aus Häusern, Schalen und Panzern gezerrt werden muß. Sie sind auch nicht versessen auf Olivenhaine, Eis, von dem man Amöbenruhr bekommt, und Statuen von Männern mit blankem Hintern. Mit Statuen ist es überhaupt komisch. In einer Stadt unweit meines Wohnorts gibt's eine wirklich schöne, die einen berühmten Politiker des 17. Jahrhunderts zeigt. Mit einem Finger weist er den Weg nach Westminster, und Tag für Tag trotten die Menschen, mit Waschmittelkartons beladen, an ihm vorbei und würdigen ihn keines Blickes. Aber wenn ihn jemand in Barcelona aufstellen würde, dann würden sie ihn fotografieren, bis zur Genickstarre zu ihm aufblicken und kleine Kunstharzrepliken von ihm als Souvenir mit nach Hause bringen.

Wir haben von Kindern und den Orten gesprochen, an die Sie mit ihnen nicht reisen sollten. Ich sage Ihnen jetzt, was Kinder wirklich mögen. Bei uns ist es Norfolk in Ostengland, bei Ihnen könnten es Teile von Mecklenburg-Vorpommern sein. Sie mögen es am liebsten in einem sehr kleinen Wohnwagen, aber Sie brauchen nicht all ihren Launen nachzugeben. Ich sage Ihnen auch, warum Kinder solche Nichthochburgen des Tourismus mögen. Wenn es wo Karusselle gibt, sind sie klein und langsam. Der Weg zum nächsten Imbiß ist nicht allzu weit. Es ist nie so heiß, daß Muttern nervig wird wegen des Sonnenhuts. Und es gibt leere Strände, wo man nach Herzenslust mit Sand schmeißen und unter lautem Wuwuwu durch die Gegend rennen kann. Kurz, es gibt alles, was Kindern gefällt, aber diese Nichthochburgen haben keine gute Presse, und so werden Sie nicht auf meinen Rat hören und irgendwohin gehen, wo es stinkfein ist. Bei uns wäre das Brighton.

Nun will ich diese alten vornehmen Seebäder nicht verdammen. Ich mag ihren aufgedonnerten Glanz. In manchen Lokalen kann man anständig essen und wird nicht mal geneppt. Da und dort findet sich ein FKK-Strand. Und es gibt immer was zu sehen. Aber nicht immer die Möglichkeit, Sandburgen zu bauen. Und manchmal gibt es nur kiesige Strände. Sie dürfen nicht vergessen, wie wichtig Sand für kleine Kinder ist. Und Sand ist durchaus nicht gleich Sand. Die feine weiße Variante, die in Reiseführern so gepriesen wird, ist vielleicht ein exzellenter Hintergrund für Ihren selbstgebatikten Sarong, aber König Arthurs Schloß können Sie damit nicht bauen. Und das ist es im wesentlichen, was Kinder am Meer wollen.

Wenn Sie sehr unruhig werden, erklären sich Ihre Sprößlinge vielleicht damit einverstanden, eine Runde Minigolf zu spielen, aber lieber gehen sie gleich nach dem Frühstück an den Strand und fangen schon mal an zu sandeln. Ein Eimer und eine Schaufel pro Nase ist das mindeste, was Sie aufwenden müssen, und wenn Ihre Finanzen für eine Handvoll von diesen kleinen Papierfahnen reichen – um so besser. Sie können auch Förmchen kaufen, wie man sie für Gelee verwendet, aber die Mühe würde ich mir nicht machen. Kenner und Kennerinnen sagen mir, wenn es gelte, Big Ben nachzubilden oder achtzig Kilo windgeröteten mittleren Managements zuzuschütten, seien Eimer das beste.

Außerdem brauchen Sie Sonnenöl, dreimal soviel Handtücher, wie Sie für möglich gehalten hätten, zehnmal soviel Proviant und Regenmäntel. Eine Sturmlaterne ist auch keine schlechte Idee. Normale Kinder weigern sich, den Strand zu verlassen, bevor der letzte Rest Tageslicht verschwunden ist. Erklärt sich eines von ihnen mitten am Tag bereit, Postkarten kaufen zu gehen, so kann es nur krank sein.

All das trägt dazu bei, daß der Tag lang wird. Vernünftige Erwachsene bewältigen ihn im Schichtdienst. Schließlich haben auch Sie Urlaub. Einer von Ihnen muß nüchtern genug bleiben, um mit denen zu verfahren, die abhauen, ertrinken oder sich die große Zehe absäbeln wollen, aber der andere sollte es sich, wenn er nicht im Einsatz ist, mit einem guten Buch und einer netten Flasche Wein in seinem Schlafsack bequem machen können. Ein allzu gutes Buch empfiehlt sich freilich nicht. Dies ist nicht die Zeit, ›Anna Karenina‹ in Angriff zu nehmen, denn selbst wenn Sie sich ein Schild mit der Aufschrift BITTE NICHT STÖREN um den Hals hängen, wird Ihnen alle drei Zeilen jemand sagen wollen, daß er einen Hai gesehen hat und aufs Klo muß.

Sind Sie dagegen im Einsatz, so gibt es haufenweise tolle Dinge, mit denen Sie sich die Zeit vertreiben können. Ihre Beine im Sand vergraben. Sich überlegen, was wohl zu Hause passiert. Sich wünschen, Sie hätten etwas Wärmeres angezogen. Und jede Stunde mehrere Abstecher zur Toilette machen, weil Ihre wohlerzogenen Kinder lieber ein stinkiges unhygienisches Pissoir benutzen, als daß sie ins Meer pinkeln.

Haben Sie schon mal an ein Feriendorf gedacht? Nein, verwerfen Sie das bitte nicht von vornherein. Lassen Sie sich erst von mir informieren. Sie haben bestimmt schon furchtbare Geschichten über Feriendörfer gehört. Daß es dort von tätowierten Bildzeitungslesern und schrillen Frauen mit mehrfachen Speckgürteln wimmelt. Zugige Unterkünfte, säuisch schlechte Animateure, alles überschwemmende Bierseligkeit.

Das ist völlig wahr.

Kinder, die neun und älter sind, amüsieren sich in solchen Feriendörfern so gut, daß Sie sie die ganze Woche nicht sehen werden. Es gibt Aktivitäten für sämtliche Wetterlagen und Fähigkeiten, und Sie müssen nicht jedesmal, wenn die Kinder etwas Neues machen wollen, tief in die Tasche greifen. Auch das Essen wird ihnen munden. Es ist die Art Großkantinenfraß, die man in Ketchup ersäufen und ganz schnell runterschlucken muß. Nur Kinder und Leute, die sechzig filterlose schwarze Zigaretten am Tag rauchen, kämen auf die Idee zu behaupten, es schmecke gut.

Aber wenn Sie zu den erwachsenen Menschen gehören, die am liebsten ein paar stille Tage mit dem neuen Roman von Ruth Rendell und einer Schachtel Pralinen verbringen, ist ein Feriendorf nichts für Sie. Kennen Sie vielleicht jemanden, der gegen Geld Ihre Kinder nimmt? Sie müssen Ihre Ferien ja nicht gemeinsam verbringen, und wenn es so aussieht, als würden sich Ihre Töchter zu der Art Frau entwickeln, die sich um die Wahl zur Miß Bein bewirbt, sollten Sie ernsthaft an getrennte Wege denken.

Da gibt es mehrere Möglichkeiten. Einige sind billiger als andere.

Zum Beispiel können Sie ein diplomiertes Kindermädchen einstellen und alles in ihre Hände legen, während Sie mit dem Orientexpreß nach Venedig reisen. Ihren Kindern geben Sie das Gefühl, daß auch sie Ferien haben, indem Sie ihnen Eis am Stiel nach Belieben gestatten und sie von der Pflicht zum Zimmeraufräumen entbinden. Das wird natürlich teuer. Abgesehen vom Honorar für das Kindermädchen und dem Eis-am-Stiel-Etat kommen Ihre Reisekosten dazu, eine völlig neue Wohnungseinrichtung, weil alles, was Sie besitzen, mit Modellflugzeugklebstoff bekleckert sein wird, und eine Telefonrechnung in schwindelerregender Höhe, was an den vielen Auslandsgesprächen liegt. Aber wenn Sie zurückkehren, werden Sie wirklich das Gefühl haben, im Urlaub gewesen zu sein. Die Kinder werden Sie herzlich begrüßen, das Kindermädchen wird die Nester aus ihren Haaren ausgekämmt haben, und Ihr Hund wird sich so freuen, weil Sie ihn doch nicht im Stich gelassen haben, daß er Sie mitsamt Ihrer Tasche voll Muranoglas umrennt, bevor Sie über die Schwelle treten.

Sie können auch die Kinder wegschicken und Ihrerseits zu Hause bleiben. Von der Schule veranstaltete Reisen sind nicht das schlechteste. Im vertrauten Kreis wird Ihr Sohn derart damit beschäftigt sein, sich mit Leuten zusammenzutun und zu entzweien, daß er für Heimweh gar keine Zeit hat. Das größte Problem ist, ihn reisefertig zu machen. Alles, selbst sein Pyjamagummizug, wird ein Namensschildchen tragen müssen, und auf der Liste der unverzichtbaren Ausrüstungsgegenstände wird etwas stehen wie vernünftige Schuhe, das ihn in der Vernünftigschuhabteilung des Kaufhauses sehr ergrimmt. Aber wenn er zurückkommt, wird er voll nützlichen Wissens sein: Wie Glas geblasen wird, was es kostet, ein Rettungsboot betriebsbereit zu halten, und welche Nachtgewänder Mrs. Robinson trägt.

Veranstaltet die Schule nichts, so tut es vielleicht eine andere Organisation, der Ihre Kinder angehören: die Pfadfinder oder das Jugend-Rotkreuz. Ein paar Wochen des Anpackens und Kicherns bis zum Morgengrauen ohne Ihre Mahnung, sie sollten jetzt schlafen, wird allen sehr gut tun, auch Ihnen. Und wenn es dumm kommt und Sie Ihre Kinder bei nichts Passendem anmelden können, werden Sie die Tränen von Ihren Schecks abtupfen und die Sprößlinge zu einem Ferienkurs schicken müssen.

So was kann phantastisch sein. Sündteuer. Aber phantastisch. Ich wollte, jemand würde *mich* zu einem Ferienkurs schicken. Und zwar zu einem mit qualifizierten Lehrern, wo man sich nicht nur dafür interessiert, Geld einzusacken, sondern auch dafür, den Kursteilnehmern das Schlagen von Passierbällen beizubringen oder ihre Jo-Jo-Technik zu vervollkommnen. An manchen Orten können sich ganze Familien einmieten und weitgehend tun, was sie wollen. Wenn Ihre Kinder genug Löcher in den Sand gegraben haben, geht es mit dem Kurs weiter. Das kann eine sehr kluge Maßnahme sein. Sie brauchen sich nur zu den Mahlzeiten zu treffen, und die Veranstaltungsorte sind oft süperb. Schlösser und Landschulheime mit viel Platz für lange, nachdenkliche Spaziergänge, während die anderen steppen und siebdrucken.

Es gibt auch Bauernhöfe, die Sie von der Zwangsgemeinschaft erlösen. Bauernhöfe, wo Sie wohnen können, während Ihre Kinder Eier einsammeln und den Fortgang der Arbeit mit Fragen verlangsamen dürfen. Solche Höfe haben meistens ein Pony, das Menschen auf sich sitzen läßt, ein Tor zum Hin- und Herschwingen und einen hochintelligenten schwarzweißen Hund, der Nachzügler antreibt. Ich verstehe nicht, warum sich Bauern mit Müslitypen aus der nächsten Metropole belasten, die drei pochierte Eier wegputzen, ihr Leib- und Magenblatt von der ersten bis zur letzten Seite lesen und deshalb meinen, sie hätten einen ganz schön anstrengenden Tag gehabt, aber dankenswerterweise tun es viele Bauern trotzdem. Vergewissern Sie sich jedoch, daß Sie einen solchen Hof erwischen. Es gibt nämlich auch andere. Die bieten Übernachtung und Frühstück an einem Ort, wo schon der Wohnraum für Schweine auf den Quadratzentimeter und den Europfennig genau kalkuliert wird. In diesem Fall bleibe ich lieber zu Hause.

Zu Hause bleiben heißt nicht unbedingt, daß man zu Hause bleibt. Sie können Tagesausflüge machen, und wenn Sie ein Auto haben, brauchen Sie die nicht mal vorzuplanen. Sie stehen auf, schauen, wie das Wetter ist, und fragen dann: »Wohin fahren wir?«

Aber seien Sie vorsichtig. Sagen Sie nicht: »Wir fahren, wohin ihr wollt.« Ich habe schon erlebt, wie sich starke Männer durch leichtsinnige Großzügigkeit ruinierten. Wenn es ein Ziel gibt, das Sie definitiv nicht ansteuern möchten, sollten Sie's gleich sagen: »Wohin wollt ihr außer zum Vergnügungspark?« Es wird Sie überraschen, wie bescheiden die Vorstellungen von Kindern im allgemeinen sind. Sie wünschen sich nichts, das vier Stunden Malzbonbonlutschen auf dem Rücksitz erfordert, während Papa und Mama kein Wort miteinander reden.

Aber vielleicht haben Sie etwas Besonderes im Sinn. Sich zum Beispiel sehr langsam in einer Schlange vor dem Spielzeugmuseum vorwärtszuschieben. Erwachsene haben die perverse Angewohnheit, immer da sein zu wollen, wo sie nicht sind. Sie zahlen für ein himmlisches Fleckchen im beinahe Grünen und fragen sich dann, ob irgendein Kellertheater in der City etwas Interessantes spielt. Und je näher sie bei hügeligem Gelände wohnen, desto mehr sehnen sie sich nach dem Geschmack von Meersalz auf ihren Lippen. Dies ist bei uns der Ursprung einer alten Tradition namens Ausflug zur See. Wie jeder Mensch in Großbritannien lebe ich nicht weiter als hundertzwanzig Kilometer von der nächsten entfernt, und was ich nicht über solche Ausflüge weiß, ist nicht wissenswert. Es braucht nebenbei nicht *die* See zu sein. Auch *ein* See kommt in Frage. Oder die Alpen. Oder Ihr deutscher Wald. Wie auch immer. Sie fangen am Vorabend mit dem Wetterbericht an. Auf der Grundlage einer schwach ausgeprägten Tendenz, daß es nach einem überraschenden Kälteeinbruch schneien könnte, müssen Sie Ihre Entscheidung treffen. Wenn Sie keine Bedenken haben, machen Sie jede Menge belegte Brote, legen sie in den Kühlschrank und gehen früh ins Bett. Die Würfel sind gefallen.

Beim ersten Sonnenstrahl müssen alle auf sein und mit gepacktem Badezeug und gefüllten Thermosflaschen in den Startblöcken knien. Entweder fahren Sie so schnell, wie Sie können, und hoffen, daß alle schlafen, bis Sie kurz nach sieben bei der Strandkorbvermietung parken, oder Sie gehen die Reise gemütlicher an und legen bei einer Autobahnraststätte einen Zwischenstop ein, um zu frühstücken und sich zum erstenmal zu krachen.

Am Meer sieht es dann vielleicht nicht so hübsch aus, wie Sie's in Erinnerung hatten. Die meisten Fischkutter und verwitterten alten Seebären sind durch Plastikgabeln und Styroporfrittenschalen ersetzt worden, und man möchte nicht glauben, wie früh die Strandlotterie aufmacht. Aber Sie sind einen weiten Weg gefahren, und darum sollten Sie sich amüsieren.

Sehen Sie zu, daß Sie am Strand sind, bevor die Pensionen ihre erste Frühstücksschicht abgefüttert haben. Diese Leute buchen eine Woche in der »Schönen Aussicht« und meinen, deshalb gehöre ihnen die gesamte Umgebung. Um spätestens 10 Uhr sind sie überall mit ihren Windjakken und Frisbeescheiben, und Tagestouristen lassen sie nur widerwillig Platz für ein einziges schmales, sandiges Handtuch.

Haben Sie aber einen gefunden, so verlieren Sie ihn keine Sekunde aus den Augen. Schicken Sie jedesmal, wenn Ihnen etwas einfällt, das Sie im Auto vergessen haben, nur *ein* Familienmitglied hin. Die anderen rühren sich unterdessen nicht vom Fleck. Gegen 17 Uhr wird es plötzlich abkühlen. Dann machen sich die Pensionsgäste auf den Rückweg zur »Schönen Aussicht« und lassen Sie allein mit Himmel und Meer und einigen tausend Eisverpackungen.

Das ist der härteste Teil des Tages. Ihre Sprößlinge wollen noch nicht fort, und Ihnen graut beim bloßen Gedanken an die Autobahn. Jedes Kind hat einen Eimer voll Sachen, die es nicht zurücklassen kann. Dutzende völlig identischer Muscheln. Verwesende Krabben. Zuckertütchen aus dem Strandcafé. Und Sie alle sind überall eingesandet.

Tun Sie folgendes. Seien Sie trotz Kälte und einbrechender Dunkelheit kein Spielverderber und gönnen Sie Ihren Kindern noch eine halbe Stunde. Tot sind wir schließlich noch lange genug, und Sie können dankbar dafür sein, daß Sie, bevor die Nacht um ist, in Ihrem eigenen Bett schlafen werden. Sie müssen sich nicht mal Ihre Ruhe verdienen, indem Sie die Seebrückensommershow mit Klaus, dem keckernden Vagabunden, und dem Eisenbahner-Quetschkommodenquartett durchstehen. Denken Sie – mehr als flüchtig braucht's ja nicht zu sein – an die armen Seelen in der »Schönen Aussicht«.

Nach der Verlängerung schaffen Sie Ihre Sprößlinge zum Wagen und sorgen dafür, daß sie ihre Schlafanzüge anziehen. Haben Sie keine Angst vor einer Panne auf der Autobahn. Nichts garantiert so zuverlässig Mitgefühl und rasche Hilfe wie der Anblick von Kindern im Nachtgewand, die viele Kilometer von zu Hause entfernt sind.

Dann kaufen Sie sehr heiße und salzige Fritten und eine Flasche Limo. Wenn Ihre Kinder die letzte Fritte geschluckt haben, schicken Sie alle aufs Klo, auch die, die eben dort waren. Und jetzt müssen Sie fahren wie der Henker. Sie können sich darauf verlassen, daß Ihnen ein Kind nach dem andern sagt, ihm sei übel. Halten Sie nicht an. Denn wenn Sie's tun, ist ihnen nicht mehr übel, sondern es wird ihnen effektiv schlecht. Kurbeln Sie die Fenster herunter und singen Sie ›Zehn kleine Negerlein‹, bis die Kinder wieder schlafen. Auf einigen unserer ambitiöseren Fahrten haben wir in unserer Verzweiflung auf Weihnachtslieder zurückgegriffen. Da wir nicht viele kennen, waren wir zu Mehrfachwiederholungen genötigt, und so werde ich mich nächsten Dezember sehr dazu überwinden müssen, Weihnachtslieder zu singen. Aber wenigstens machen wir dann bestimmt keinen Ausflug zur See.

Vielleicht wollen Ihre Kinder auch nur zum Spielplatz zwei Straßen weiter. Wenn Sie sie einen Ball, den Puppenkinderwagen, die Laserpistolen und eine große Tüte Gummibärchen mitnehmen lassen, wird es ihnen noch besser gefallen. Sie mögen sich unter Ferien etwas anderes vorstellen, aber Monte Carlo steht sicher noch, wenn diese Phase Ihres Lebens vorbei ist.

Oder Ihre Kinder wollen ins Kino und etwas sehr Gruseliges sehen. Oder zum Flughafen, wenn Sie einen mit Besucherplattform finden, von der aus man die Maschinen beim Start und bei der Landung beobachten kann. Vielleicht gelingt es Ihnen sogar, Ihre Sprößlinge ins Museum zu locken. Das muß allerdings klein sein und einen Strand haben, der Postkarten von Dinosauriern verkauft. Eine Weile war das liebste Ausflugsziel meiner Kinder das voll möblierte Musterhaus eines Bauunternehmens. Da stapften sie durch, rissen alle Küchenschränke auf und legten fest, wer welches Zimmer bekam. Das war ziemlich ärgerlich für die schultergepolsterten Damen, die sich mit ernsthaften Käufern unterhalten sollten, aber egal. Sie waren hart im Nehmen. Und ich auch. Wir machen das jetzt nicht mehr oft. Meistens steuern wir etwas Großes und Offenes an, wo sich die Kinder frei bewegen und nach Herzenslust Wuwuwu schreien können, denn das mögen sie am liebsten.

Ich weiß nicht, ob Sie es schon gemerkt haben, aber die Zeiten, in denen man Kinder sah und nicht hörte, sind unwiderruflich vorbei. Sie gingen mit den letzten Lebensmittelkarten und der Glenn-Miller-Band zu Ende. Die Kinder von heute sind anspruchsvoll, durch nichts zu erschüttern und sehr laut. Wollen Sie mit Kindern ins Gespräch kommen, so werden Sie keine Schwierigkeiten haben – jedenfalls nicht mit dem Anfang.

Wenn sie noch sehr klein sind, mögen Kinder weitschweifige Plaudereien mit geduldigen Erwachsenen. Bei einer Unterhaltung mit einem Vierjährigen können binnen kürzester Zeit erstaunlich viele Themen angeschnitten werden. »Warum willst du mit meiner Mama reden? Mein Papa hat ein blaues Auto. Meine Mama ist auf dem Klo. Warum? Wir haben eine rote Teekanne. Warum hast du so einen scheußlichen Pickel an der Nase?«

Als Elternteil dürfen Sie nicht vergessen, daß Begegnungen wie diese nur einen begrenzten Reiz für Leute haben, die Ihre Kinder nicht lieben. Sie dürfen nicht immer wieder aus dem Raum huschen, um nach dem Lammrücken zu sehen, und Ihre Gäste allein mit Ihrem Kleinkind zurücklassen. Das macht sie nervös. Sie selbst mögen die Fragen Ihres Sohnes ohne Probleme parieren, aber andere schaffen das vielleicht nicht. Warum sollten sie auch? Es könnte sein, daß sie kein Wort von dem verstehen, was er sagt.

Ich persönlich versuche nie, mit den Kindern anderer Leute zu reden. Ich möchte nicht Dinge wie »Komm sofort da runter!« oder »Laß das sein, du kleines Scheusal!« sagen – das verbieten die guten Manieren –, und so schweige ich lieber. Auch sicherheitshalber. Es besteht nämlich die Gefahr, daß Kinder, wenn Sie sich auch nur ein bißchen freundlich anhören, herübertappen und den Mund an Ihrer Jacke abwischen.

Werden Ihre Kinder größer, so lehren Sie sie Sätze wie: »Guten Tag, ich bin Harry, und ich geh gerade nach draußen.« Fordern Sie sie bitte nie auf, ihre Charlie-Chaplin-Imitation vorzuführen. Sie werden der einzige Mensch sein, der sie sehen kann, ohne sich vor Verlegenheit zu winden. Weihen Sie Ihre Kinder auch ins Telefonieren ein. Lehren Sie sie, sich mit Namen zu melden und zu fragen, wer da spricht. Lehren Sie sie, Auszurichtendes zu notieren und es wirklich auszurichten. Aber lassen Sie Ihren Dreijährigen keinen langen Schwatz mit einem unbekannten Anrufer halten. Vielleicht ist es jemand aus dem Ausland, der Ihnen ein Geschäftsangebot machen will. Jemand, der nicht unbedingt hören möchte, wie ihm Harry für teures Geld ›Weißt du, wieviel Sternlein stehen‹ vorsingt.

Ihnen soll er vorsingen. *Ihnen* soll er seine Geschichten erzählen. Und Ihnen soll er seine peinlichen Fragen stellen.

Es gibt Themen, die sich Kinder für besondere Momente aufsparen. Ungelegene Momente. Themen wie den Tod.

Der Tod ist der große Renner beim Arzt im Wartezimmer, in den stillen Wohnungen älterer Anverwandter und an allen anderen Orten, wo mehrere Menschen versammelt sind, die in näherer Zukunft aus dem Leben abberufen werden.

»Sterben kleine Kinder auch? Warum sterben meistens die alten Leute? Die Oma, die neben uns sitzt – stirbt die bald? Wie bald? Vor dem Kaffee? Kommt sie zurück? Nein? Kommt sie gar nie mehr zurück? Krieg ich bitte ein Bonbon?«

Am Tod interessiert Kinder dasselbe wie uns alle. Wie fühlt er sich an? Und was ist, wenn man ihn nicht mag? Falls Sie gläubig sind, wissen Sie vielleicht mehr darauf zu sagen als ich. Aber die anderen Aspekte des Todes, die

Kinder faszinieren, bringen Sie wahrscheinlich in ebensolche Schwierigkeiten. Was passiert, wenn man Sie begräbt und Sie noch nicht richtig tot sind? Oder wenn man Sie verbrennt und Sie Ihren Körper noch brauchen? Und wie kann Schnurrdiburr im Himmel sein, wenn ihr Gelett unterm Himbeerstrauch in der Erde liegt? Ich darf Ihnen verraten, daß Kinder ein offenes Wort recht gut vertragen. Mir scheint, je näher *wir* unserem Tod kommen, desto mehr brauchen wir eine geschönte Verpackung.

Auch der Weihnachtsmann kann Sie in Schwulitäten bringen. Sie werden jahrelang mit dreisten Lügen davonkommen, und Ihr Kind wird seine Ringelsocke an die Tür hängen und einen Wunschzettel schreiben. Bis eine neunjährige Zynikerin die ersten Zweifel sät. Und dann sind Fragen fällig. »Gibt's den Weihnachtsmann wirklich? Schwörst du's mir? Ruth sagt, es ist Anthony sein Opa. Wie kann der so viele Sachen kaufen? Hat er eine Garage für seinen Schlitten? Was täte passieren, wenn er kommt und ich bin wach? Anthony kriegt sicher die schönsten Sachen.«

Falls Sie's nicht schon selbst erraten haben – der Weihnachtsmann läßt sich nicht leicht begründen. Wenn die Geschäfte bereits im August mit dem Weihnachtsgeschäft beginnen – warum legt er dann alles bis Heiligabend zurück? Und wie überwindet er Alarmanlagen? Lohnt es sich, das zu erklären? Oder ist die Stunde der Wahrheit gekommen und sollten Sie Harry an Heiligabend getrost in der Disco bleiben lassen? Wenn Ihnen daran liegt, das Märchen zu retten, können Sie nur eins tun: mysteriös die Augen zusammenkneifen und alles auf Zauberei zurückführen. Dieselbe Technik ist beim Osterhasen anwendbar.

Einige Dinge können Sie freilich nicht auf Zauberei zurückführen. Tabus, die gebrochen werden, obwohl sie Ihnen ungebrochen lieber wären. Bei manchen Themen geben Kinder kein Pardon. Der Sex ist eines von ihnen.

Sex war mal etwas, von dem Sie en passant auf einer Schultoilette voller Jungfrauen erfuhren. Sie alle tappten im dunkeln, bis jemand auf eine Antwort stieß, die plausibel klang. Es war so ähnlich wie das Teekesselchen-Spiel. Später – sehr viel später – nannte jemand anderer die Lösung des Rätsels. Die war teilweise überraschend. Und teilweise nicht.

Heute gehört's zum Lehrplan, und Mrs. Robinson kümmert sich darum. Es gibt Infopacks, Diskussionsgruppen und lebenswahre pulsierende Biologie auf Videoband. Zwar scheint mir niemand wesentlich klüger, aber die jungen Leute sind heutzutage gewiß auf eine entspanntere und offenere Weise unwissend als vor dreißig Jahren. Ich nehme jedoch an, daß Schultoiletten nicht mehr soviel Spaß machen wie früher.

Die ganz Kleinen haben überhaupt kein bewußtes Interesse am Sex. Sie können wunderschöne Bücher kaufen, in denen Ihrem Söhnchen erklärt wird, wie ein Baby im Mutterleib heranwächst, aber es wäre ihm lieber, Sie läsen ihm etwas weniger Unwahrscheinliches vor wie zum Beispiel die Geschichte von Aladin und der Wunderlampe. Ein Baby, das in Mamas Bauch wächst? Und dann durch eine kleine Tür rauskommt? Na, hören Sie mal! Meinen Sie vielleicht, er sei von gestern? Er kennt sich aus, verstehen Sie! Er hat selber schon Babys gesehen. Große, dicke, klotzige Wesen mit Bommelmützen. Meinen Sie im Ernst, er glaubt, daß *das* unter Ihrer Latzhose vor sich geht? Und wie kam es da rein, das Baby? Ein kleiner Samen mit Schweif ist den ganzen Weg geschwommen, bis er ein Ei gefunden hat? Klar wie Kloßbrühe! Vielleicht sollten Sie sich doch noch mal hinlegen und ein Nickerchen machen. Und dann diese kleine Tür. Ist sie doppelt verglast? Hat sie einen Briefschlitz? Und ein Schloß? Außen, ja? Also, ehrlich gesagt, er würde lieber mit seinen Legobausteinen spielen, als sich so einen Quatsch anzuhören. Wenn Sie darauf bestehen, ihm etwas zu erzählen, versuchen Sie's mit dem Storch. Wenigstens hat er dann keine Alpträume von einem rotgesichtigen Brocken, der mit einem Zwieback in der Hand unterm Kleid seiner Mama vorkrabbelt und die Tür hinter sich zuschmeißt.

Ist Ihr Sohn älter, so können Sie's mit der ungekürzten Originalfassung versuchen, aber mit »älter« meine ich wirklich älter. Bis neun brauchen Sie nicht mehr zu erwarten als eine gelegentliche Frage – eine sehr, sehr gelegentliche. Ich habe jahrelang bei mir zu Hause Kurse für werdende Mütter veranstaltet. Meine Lehrmittel lagen immer offen herum. Eins zog meine Kinder besonders an. Ein Buch mit Fotos von den Stationen der Reise des Babys in die Außenwelt. Sie saßen so oft darüber, daß ich behauptet hätte, meine Kinder wüßten alles von der Geburt. Aber später fand ich heraus, daß sie das Baby gern mochten, nichts weiter. Es war ein Junge mit verknautschtem Gesicht und schrumpeligen Fingerchen, und sie fanden ihn so niedlich. Auf das übrige hatten sie nicht besonders geachtet.

Alle Fragen, die Ihnen gestellt werden, bedürfen einfacher Antworten. Tauchen Sie nicht ab, um Ihre Lehrbücher und einen gespitzten Bleistift für graphische Darstellungen zu holen. Wenn Sie wiederkommen, wird Ihr Sohn weggegangen sein und vergessen haben, was er Sie gefragt hat. Komprimieren Sie Ihre Antwort auf *einen* Satz. Wenn Harry mehr wissen möchte, wird er nachhaken. Aber nicht unbedingt sofort. Kinder lassen dergleichen gern auf kleiner Flamme weiterkochen. Die Episode wird Ihnen entfallen, bis Sie eines Feiertages in der rammelvollen S-Bahn stehen und sich bemühen, nicht umzukippen. Und *jetzt* wird Harry laut und deutlich mit der Frage rausplatzen, die ihn beschäftigt hat: »Mama, wichsen – was ist das genau?«

Wenn er sich überhaupt für Sexuelles interessiert, dann für das Sichtbare. Geben Sie ihm Gelegenheit dazu, so wird er merken, daß Ihr Körper anders ist als seiner. Er mag zu dem Schluß kommen, es sei das Taktvollste, nicht darüber zu reden, aber vielleicht kann er sich doch nicht so gut beherrschen. Was immer Sie tun, bilden Sie sich nicht ein, daß er Sie irgendwie beneidet. Wenn er eine höfliche Frage zu Ihrem Schamhaar stellt, dann lassen Sie ihn nicht Platz nehmen, um ihm zu erzählen, er werde bald selbst welches haben. Er wird entsetzt sein. Wer, zum Teufel, will so einen Busch in der Hose verstecken, bevor er zum Spielen rausgehen kann? Warum haben Sie ihm nicht etwas Schönes vererbt? Wie die Fähigkeit zu fliegen. Und haben Sie sonst noch ein paar genetische Gemeinheiten auf Lager? Übelriechenden Atem? Das abartige Bedürfnis, jeden Sonntag nachmittag zu schlafen? Oder Nasenhaare und eine niederschmetternde Hypothek? Ein Kind kann schwer traumatisiert werden durch den Gedanken, Geld für Rasierklingen beziehungsweise Tampons ausgeben zu müssen – und all das, damit es letzten Endes so aussieht wie Sie.

Ich glaube, man sollte nicht zu früh zu gründlich sein. Da die Schulen so knapp mit Geld sind, ist es wohl nur eine Frage der Zeit, bis Luxusveranstaltungen wie der Sexualkundeunterricht vom Lehrplan abgesetzt werden. Wenn unsere Kinder wollen, können sie's wieder in eigener Regie auf dem traditionellen Forum für Frisuren, Spekulationen und Sexualgeprotze abhandeln: der Schultoilette. Und wahrscheinlich ist niemand so erleichtert darüber wie Mrs. Robinson.

Da wir gerade dabei sind – es gibt noch andere Dinge, die Kinder auf der Toilette tun. Hier eine Auswahl: Sie vergessen, die Spülung zu benutzen. Vergessen, warum sie aufs Klo gegangen sind, bleiben aber dort unter lautem und falschem Gesang, während sich vor der Tür eine Schlange von Verzweifelten bildet. Sie verbrauchen das gesamte Toilettenpapier. Oder nehmen gar keins. Sie kommen zu spät aufs Klo.

Beginnen wir ganz vorne. In den ersten zwei Jahren fangen Sie alles, was Ihr Sohn macht, mit einer Windel auf. Landet es woanders, so haben Sie Pech gehabt. Manchmal auch Glück. Sie *können* ihn aufs Töpfchen setzen, wenn er eine Woche alt ist, aber da holt er sich eher eine Erkältung, als daß Sie etwas Substantielles ergattern.

Es ist alles sehr einfach. Bevor Harry ungefähr zwei ist, ist er schlichtweg körperlich nicht in der Lage zu koordinierter Kontrolle der Schließmuskeln. Das ist die Wahrheit. Wenn es irgend etwas gegeben hätte, mit dessen Hilfe ich den grauen Frotteehandtüchern und dem allmorgendlichen ominösen abgestandenen Eimervoll schneller entkommen wäre, dann hätte ich's gefunden. Sie werden sich leider gedulden müssen.

Ist Harry zwei, so gehen Sie los und kaufen einen Topf, zwei Dutzend Unterhosen, einen Schwamm für die Pfützen und einen großen Beutel Karamelbonbons. Mit den Bonbons beschäftigen Sie Ihren Mund, falls Sie ansonsten vielleicht geneigt wären, etwas zu sagen. Es hilft manchmal, wenn Sie Ihren Sohn den Topf selbst aussuchen lassen. Dann kann er sich nämlich nicht weigern, sich draufzusetzen, weil er Grün so scheußlich findet. Stellen Sie sicher, daß er ein schlichtes Behältnis mit guter Popaßform wählt. Es bedarf keiner Sicherheitsgurte, keiner Musikbegleitung und keiner Hand, die mit Klopapier und einer Verdiensturkunde vorschießt.

Kommt in nächster Zukunft ein neues Baby, so vergessen Sie den Topf, bis wieder Normalität ins Familienleben eingekehrt ist.

Zweijährige haben im Hinblick auf Töpfe ziemlich feste Ansichten. Wenn Sie Ihren Sohn mit einem bekannt machen, läuft er entweder weg und versteckt sich oder er verbringt den Rest der Woche auf ihm. Voraussagen läßt sich das nicht. Was mich betrifft, so habe ich im Hinblick auf Töpfe ziemlich starke Gefühle. Das kann auch gar nicht anders sein nach vielen Jahren, in denen ich unseren Topf leer gesehen habe, wenn er voll sein sollte, voll, wenn er leer sein sollte, und nie, wirklich nie da, wo er hätte sein müssen, wenn wir ihn brauchten. Als er ausgedient hatte, tanzte ich eine Samba mit dem Mann vom Sperrmüll.

Wehrt sich Harry sehr heftig gegen den Topf, so lassen Sie's eine Weile. Er wird sich entweder mit der Idee anfreunden, Gewohntes anders zu machen, oder sich als einer der Menschen erweisen, die lieber warten, bis ihre Beine ein bißchen länger sind, und dann die Toilette benutzen. Vielleicht findet er's ein bißchen entwürdigend, wenn er vor Publikum die Hose ausgezogen kriegt und auf den Topf gesetzt wird, bis er einen roten Ring um den Allerwertesten hat. Vielleicht zieht er sich lieber an einen stillen Ort zurück und kümmert sich selbst um die Dinge. Um Ihnen dann den überschwappenden Topf zu bringen, damit Sie seinen Inhalt inspizieren und bewundern. Wie immer Harrys Einstellung sein mag, er wird nicht mit dem Topf behelligt werden wollen, wenn er gerade bei etwas Interessantem ist. Dies sind die Momente, wo Sie den Schwamm und die Karamelbonbons brauchen.

Im Sommer ist es nicht so schlimm. Da können Sie die Fenster aufreißen, und am nächsten Morgen sind alle Unterhosen trocken. Aber im Winter ist es hart. Die Erde ist feucht, die Luft ist feucht, und plötzlich ist auch Ihr Kelim feucht. Wird die Sonne je wieder scheinen? Werden Sie diesen Geruch je wieder los? Und ist der Knabe bescheuert oder schlichtweg bösartig?

Wenn Sie mit dem Auf-den-Topf-Setzen anfangen, werden Sie es in den ersten Tagen einfacher finden, zu Hause zu bleiben. Vergewissern Sie sich, daß genug Brot da ist, machen Sie Harry mit dem Konzept der Blasenkontrolle bekannt und kuscheln Sie sich mit einem guten Buch in Ihren Lehnstuhl.

Letzten Endes ist natürlich Hetze angesagt. Das Brot geht zur Neige, die Bibliothek erinnert Sie daran, daß Sie die Leihfrist überschritten haben, und so müssen Sie, Harry und Harrys Blase sich der Welt stellen. Was tun

Sie? Ziehen Sie Ihren Mantel an, wringen Harry aus und rennen los? Planen Sie Ihren Ausflug mit Hilfe eines Meßtischblatts und eines auf den neuesten Stand gebrachten Verzeichnisses der öffentlichen Bedürfnisanstalten? Oder windeln Sie Harry einfach und sagen ihm, er solle es laufen lassen? Das wäre möglich. Es könnte ihn aber verwirren.

Ich für mein Teil habe mir eine von diesen Taschen mit vielen Fächern besorgt. Andere Leute verwenden sie vielleicht für ihren schnurlosen Frisierstab und ihren Selbstsicherheits-Fünfjahresplan. Ich nicht. Ich hatte ein Fach für trockene Unterhosen, eines für nasse und ein sehr großes für die Karamelbonbons. Wir kamen viel rum, meine Tasche und ich. Und wir lernten einiges. Daß Kleider einfacher sind als Hosen und Latzhosen mit Anorak und Schnallenschuhen verflixt kompliziert. Wir erfuhren, daß sich Kaufhaustoiletten im obersten Stockwerk befinden, daß es bei Mütterberatungsstellen grundsätzlich keine gibt und daß die auf Flughäfen für echte Passagiere gedacht sind – als echt notleidende Frau mit nassem Harry, die auf eine echte demnächst landende Oma wartet, müssen Sie auf die Knie gehen, bevor Sie jemand auf die Flughafentoilette läßt.

Unterwegs sollten Sie sehr darauf achten, daß Sie das Fach für die trockenen Unterhosen nicht mit dem für die nassen verwechseln und eine große dicke Plastiktüte für diejenigen dabeihaben, die jeder Beschreibung spotten.

Brechen Sie mit Harry auf, so machen Sie nicht den Fehler, ihn alle hundert Meter zu fragen, ob er mal muß. Denn wenn Sie ihm dauernd zusetzen, sagt er entweder ja, damit Sie den Mund halten, und läßt Sie für einen Teelöffelvoll mit jenen Latzhosen kämpfen, oder er sagt prinzipiell nein. Ich kann Ihnen verraten, wann er definitiv muß: auf der längsten Strecke zwischen zwei Haltestellen im U-Bahn-Netz oder kurz vor dem Finish beim Pferderennen.

Ist Harry ein Mädchen, so werden Sie die Windelphase

wahrscheinlich eher hinter sich haben, als wenn er ein Junge ist. Besonders nachts. Und das ist doch lustig, weil weibliche Wesen in dem Ruf stehen, daß sie eine kleine, schwache Blase haben. Ein Junge, der es mit sechs oder sieben noch nicht durch die ganze Nacht schafft, ist nichts Ungewöhnliches. Sie haben die Wahl, jeden Morgen sein Laken zu wechseln oder ihn zur Geisterstunde über Ihre Schulter zu werfen, aufs Klo zu tragen und ihm dann zu sagen, wo er ist. Sprechen Sie ruhig und gelassen auf ihn ein, bis er wach genug ist, um zu begreifen, worum es geht. Schreien Sie ihn nicht an, es sei denn, er tut etwas wirklich Abscheuliches. Ja, ich würde sagen, wenn er Ihnen auf die Füße macht, ist das abscheulich genug.

Dieses Toilettenintermezzo führt uns wieder zum Reden mit Kindern zurück. Was sollen Sie ihnen erzählen, wenn es um die Benennung von Geschlechtsteilen geht? Früher hatten die männlichen immer komische Bezeichnungen, weil sie komisch aussahen, und die weiblichen hatten gar keine Bezeichnungen, weil sie unsichtbar waren. Dann entdeckte jemand die Klitoris, und es ging urgewaltig los. Für viele Eltern war dies das Signal, ihre Kinder die richtigen Bezeichnungen zu lehren und das Ganze öffentlich zu machen. Nur klappte es nicht so recht. Denn wenn man Kindern die richtigen Bezeichnungen beibringt, lernen sie nicht automatisch, was sonst noch nötig ist – ein feines Gespür dafür, wann es in Ordnung geht, diese Bezeichnungen zu gebrauchen. Und sind wir überhaupt sicher, daß wir das alles so öffentlich wollen?

Es gibt Leute, die sich noch an die Zeit vor dem Zweiten Weltkrieg erinnern können, und einige von ihnen sitzen vielleicht in Hörweite Ihrer Kinder im Schaukelstuhl. Das Wort »Hoden« wäre bei unserer Queen Mary und bei Ihrer Kaiserin Auguste nicht gut angekommen, und auch ich kann ohne es leben, obwohl ich nicht prüde bin. Ich fühle mich nur nicht in der Lage, darauf zu bestehen, daß meine Töchter die richtigen Bezeichnungen für Körperteile gebrauchen, die frau bloß mit Hilfe einer Taschenlampe und eines Zahnarztspiegels sehen kann. Ehe ich etwas Gynäkologisches über die Lippen bringe, muß ich mindestens drei Brandy trinken.

Meiner Erfahrung nach sollten Sie drei Dinge im Gedächtnis behalten, wenn Sie mit Kindern reden. Erstens: Was zwischen Gürtel und Knie liegt, wird ganz gut durch umsichtigen Gebrauch des Wortes Po abgedeckt. Zweitens: Kinder neigen grundsätzlich dazu, sich alles Verfängliche, Heikle und Anstößige für einen möglichst unpassenden Moment aufzusparen. Drittens, und dies ist das Wichtigste: Es gibt nichts Besseres, um Ihre vorgefaßten Meinungen ins Wanken zu bringen und Ihre Fundamente zu erschüttern, als wenn Sie einem Kind zuhören und merken, es hat klar und unbefangen etwas gesehen, das Ihnen entgangen ist, weil Sie schon zu alt dafür sind.

Christine Nöstlinger im dtv

»Der Mensch soll sich nicht allzu ernst nehmen und über sich selbst lachen können!«

Haushaltsschnecken leben länger
Mit Illustrationen von Christiana Nöstlinger
ISBN 3-423-20226-2

Streifenpullis stapelweise
Mit Illustrationen von Christiana Nöstlinger
ISBN 3-423-11750-8

Salut für Mama
Mit Illustrationen von Christiana Nöstlinger
ISBN 3-423-11860-1

Management by Mama
Mit Illustrationen von Christiana Nöstlinger
dtv großdruck
ISBN 3-423-25177-8

Mama mia!
Mit Illustrationen von Christiana Nöstlinger
ISBN 3-423-20132-0

Best of Mama
Ausgewählte Geschichten
Mit Illustrationen von Christiana Nöstlinger
ISBN 3-423-20626-8

Mein Tagebuch
dtv großdruck
ISBN 3-423-25214-6

Werter Nachwuchs
Die nie geschriebenen Briefe der Emma K., 75
ISBN 3-423-20049-9

Liebe Tochter, werter Sohn!
Die nie geschriebenen Briefe der Emma K., 75
Zweiter Teil
ISBN 3-423-20221-1

Bei dtv junior sind zahlreiche Kinder- und Jugendbücher von Christine Nöstlinger lieferbar.

Una Troy im dtv

»Nur wer Irland genau kennt, hat es in der Feder, diesen Menschenschlag so treffend und amüsant zu beschreiben.«
Hannoversche Allgemeine Zeitung

Kitty zeigt die Krallen
Roman
Übers. v. Harald Raykowski
ISBN 3-423-10898-3
Kitty ist glücklich verheiratet und hat zwei Kinder; doch plötzlich geht alles schief.

Das Schloß, das keiner wollte
Roman
Übers. v. Fred Schmitz
ISBN 3-423-11057-0
Eine Lehrerfamilie erbt ein Schloß in Irland.

Wir sind sieben
Roman
Übers. v. Dorothea Gotfurt
ISBN 3-423-20322-6
Eine Mutter, sieben Kinder und verschiedene Väter – das sorgt in einem irischen Dorf für Unruhe und stört den Seelenfrieden mancher Leute, denn zum Unglück gleichen die Kinder ihren Vätern aufs Haar …

Das Meer ist Musik
Roman
Übers. v. Isabella Nadolny
ISBN 3-423-20408-7
Die Geschichte zweier musisch begabter Schwestern.

Eine nette kleine Familie
Roman · dtv großdruck
Übers. v. Isabella Nadolny
ISBN 3-423-25153-0

Läuft doch prima, Frau Doktor!
Roman · dtv großdruck
Übers. v. Fred Schmitz
ISBN 3-423-25164-6
Eine junge Ärztin übernimmt die Verantwortung für ihre Geschwister.

Mutter macht Geschichten
Roman · dtv großdruck
Übers. v. Susanne Lepsius
ISBN 3-423-25166-2
»Ein Buch voller Komik.« (Hamburger Abendblatt)

Ein Sack voll Gold
Roman · dtv großdruck
Übers. v. Ch. Trabant-Rommel
ISBN 3-423-25173-5
Eine heitere Familiengeschichte.

Die Pforte zum Himmelreich
Heiterer Roman
Übers. v. Dorothea Gotfurt
dtv großdruck
ISBN 3-423-25186-7

Catherine Gaskin im dtv

»Gehobene Unterhaltung nach einem geradezu perfekten Rezept: ein Hauch von Märchen, viel Gefühl, ein bißchen historischer Hintergrund und harte Schicksalsschläge.«
Margarete v. Schwarzkopf in der ›Welt‹

Ein Falke für die Königin
Roman
Übers. v. Susanne Lepsius
ISBN 3-423-20110-X

Die junge Kirsty kommt nach Schottland: ungebeten, unerwartet und – wie sie ahnt – unerwünscht. Was hält das Schicksal für sie bereit?

Liebe auf Schloß Lynmara
Roman
Übers. v. Gisela Kirberg
ISBN 3-423-20124-X

Kann die faszinierende Nicole für sich und ihre Kinder erreichen, wovon sie geträumt hat: ein Heim auf Schloß Lynmara?

Die Stunde der Wahrheit
Roman
Übers. v. Susanne Lepsius
ISBN 3-423-20251-3

Von Männern, die ihr Leben im Glanz der Öffentlichkeit führen, und Frauen, die diesen Ruhm oft teuer bezahlen müssen …

Die Stürme des Lebens
Roman
Übers. v. Susanne Lepsius
ISBN 3-423-20282-3

Julia Seymour ist für eine große Karriere ausersehen. Doch zwischen der Küste von Kent und den Künstlerkreisen Londons braut sich ein Sturm zusammen.

Elizabeth Falconer im dtv

»Elizabeth Falconer verknüpft die Lebensfäden ihrer Figuren elegant und unterhaltend. Eine sehr gute Erzählerin mit einer speziellen Begabung für die Verwirrungen des Herzens.«
Szene aktuell

Der Lavendelgarten
Roman
Übers. v. Angelika Felenda
ISBN 3-423-20129-0
»Dieses Buch führt Sie nach Guernsey, Paris und in die Provence, es ist voll romantischer Verwicklungen.« (The Lady)

Frost um Mitternacht
Roman
Übers. v. Elvira Willems
ISBN 3-423-20468-0
Nach einer Enttäuschung in der Liebe geht die Pariser Ärztin Misha nach Afrika, um sich den Ärmsten der Armen zu widmen…

Das Haus auf der grünen Insel
Roman
Übers. v. Uschi Gnade
ISBN 3-423-20624-1
Geboren wird sie auf einem verfallenen Landsitz in Irland, doch in Paris entdeckt sie ihre wahre Bestimmung.

Auf den Flügeln des Morgens
Roman
Übers. v. Elvira Willems
ISBN 3-423-20650-0
In London, Paris und der Provence spielt dieser packende Roman um Liebe, Kunst und Religion.

Mondlicht über der Insel
Roman · dtv premium
Übers. v. Angelika Felenda
ISBN 3-423-24167-5
Korfu – Insel des Lichts, des Weins, der milden Nächte. Doch auch auf dieser idyllischen Insel ist Dido vor Turbulenzen nicht sicher…

Barfuß zur Hochzeit
Roman · dtv premium
Übers. v. Barbara Ostrop
ISBN 3-423-24241-8
Ein herrlicher Sommer wird überschattet von einem Geheimnis aus der Zeit des Krieges…

Das goldene Jahr
Roman · dtv großdruck
Übers. v. Angelika Felenda
ISBN 3-423-25176-X
Das alte Haus in Südfrankreich ist für Anna eine zweite Heimat. Und als ihr Bruder einen Gast mitbringt, ändert sich ihr ganzes Leben.

Amanda Cross im dtv

»Amanda Cross ist und bleibt die Königin des amerikanischen literarischen Krimis.«
Publishers Weekly

Verschwörung der Frauen
Roman
Übers. v. Helga Herborth
ISBN 3-423-08453-7

Süßer Tod
Roman
Übers. v. Helga Herborth
ISBN 3-423-11812-1

Der Sturz aus dem Fenster
Roman
Übers. v. Helga Herborth
ISBN 3-423-11913-6

In besten Kreisen
Roman
Übers. v. Monika Blaich und Klaus Kamberger
ISBN 3-423-20190-8

Spionin in eigener Sache
Roman
Übers. v. Helga Herborth
ISBN 3-423-20191-6

Gefährliche Praxis
Roman
Übers. v. Monika Blaich und Klaus Kamberger
ISBN 3-423-20233-5
dtv großdruck
ISBN 3-423-25175-1

Albertas Schatten
Roman
Übers. v. Monika Blaich und Klaus Kamberger
ISBN 3-423-20332-3

Tödliches Erbe
Roman
Übers. v. Monika Blaich und Klaus Kamberger
ISBN 3-423-20373-0

Das zitternde Herz
Roman
Übers. v. Patricia Reimann
ISBN 3-423-20507-5

»Für diejenigen, die noch nicht die Bekanntschaft von Kate Fansler, Englischprofessorin und Detektivin, die schon viele spannende akademische Kriminalfälle gelöst hat, gemacht haben: Es ist höchste Zeit, damit anzufangen!«
Cosmopolitan

Nina Bawden im dtv

»Kaum jemand kann weibliche Lebenssituationen sensibler darstellen als Nina Bawden.«
The Times Literary Supplement

Eine Frau in meinen Jahren
Roman
Übers. v. Monika Wiethoff
ISBN 3-423-**08415**-4
Eine Urlaubsreise nach Marokko wird für Elizabeth Anlaß, den eigenen Lebenslügen nachzuspüren.

Ein Flamingo im Regen
Kriminalroman
Übers. v. Isabella Nadolny
ISBN 3-423-**12314**-1
Ein Mädchen wird tot aus der Themse gefischt. In ihrer Tasche findet man Briefe, die den Schuldirektor Humphrey schwer belasten.

Schwarzer Mann
Roman
Übers. v. Isabella Nadolny
ISBN 3-423-**12633**-7
Als der Afrikaner Jay nach London kommt, um eine Zeitlang bei einer befreundeten Familie zu wohnen, sorgt er ungewollt für Aufregung.

Ein Haus mit Garten
Roman · dtv premium
Übers. v. M. Sandberg-Ciletti
ISBN 3-423-**24103**-9
Fanny Pye stellt sich auf der Straße einer Gruppe von Gewalttätern in den Weg. Sie erwacht im Krankenhaus, und ihr Leben verändert sich auf eine Weise, die ihre Familie einigermaßen in Bestürzung versetzt.

Griechischer Kaffee
Roman · dtv premium
Übers. v. M. Sandberg-Ciletti
ISBN 3-423-**24156**-X
Urlaub in Griechenland: Eine Handvoll Engländer, zufällig im selben Hotel abgestiegen, hält vornehmen Abstand zum Rest der Menschheit, bleibt aber nicht von Erschütterungen verschont …

Miss Read im dtv

»Miss Read offenbart Liebe zur Natur, Gespür für die kleinen Dramen, mit denen das Landleben reich gesegnet ist, und Sinn für Humor.«
Elizabeth Bowen

Dorfschule
ISBN 3-423-20027-8
Miss Read ist Lehrerin in dem kleinen Dorf Fairacre im Süden Englands und läßt uns in ihren Romanen teilhaben am ländlichen und schulischen Alltag. – Alle Bücher wurden illustriert von John S. Goodall und übersetzt von Isabella Nadolny.

Dorftagebuch
dtv großdruck
ISBN 3-423-25180-8

Dorfgewitter
ISBN 3-423-20127-4
Wozu braucht es eine neue Siedlung? Und ist die alte Schule nicht mehr gut genug?

Miss Read macht Sommerferien
dtv großdruck
ISBN 3-423-25231-6

Der Blick auf die Kornfelder
ISBN 3-423-20307-2
Malerisch und friedlich liegen die vier kleinen Cottages nebeneinander – doch die Freude am eigenen Haus ist nicht ganz ungetrübt.

Ein böses Gerücht
ISBN 3-423-20351-X
»Schlechte Nachrichten verbreiten sich rasch und weit.« Diesmal ist Miss Read selbst betroffen.

Die Hundertjahrfeier
ISBN 3-423-20560-1
Die Schule in Fairacre feiert 100. Geburtstag. Ein liebenswerter Dorfroman.

Miss Clare erinnert sich
ISBN 3-423-20645-4
Erinnerungen an eine fast untergegangene Welt: Das Leben der ehemaligen Kollegin und Vertrauten von Miss Read – liebevoll und mit Humor erzählt.

Miss Read und das neue Haus
ISBN 3-423-20690-X
»Miss Read beschreibt behutsam und humorvoll Einzelheiten des Dorflebens ohne jegliche Verzerrung oder Sentimentalität.« (The Times Educational Supplement)

Das Weihnachtskind
dtv großdruck
ISBN 3-423-25147-6

Bitte besuchen Sie uns im Internet: www.dtv.de

Fay Weldon im dtv

»Fay Weldon lesen ist wie Champagner trinken.«
The Times

Die Teufelin
Roman
Übers. v. Werner Waldhoff
ISBN 3-423-20616-0

Lange erträgt Ruth die Eskapaden ihres Mannes.
Doch dann schlägt sie zurück …

Hier unten bei den Frauen
Roman
Übers. v. Isabella Nadolny
ISBN 3-423-11515-7

Ein Haufen Freundinnen und ihr turbulentes Leben.

Die Klone der Joanna May
Roman
Übers. v. Sigrid Ruschmeier
ISBN 3-423-11671-4

Der Ex-Gatte hat Joanna klonen lassen. Erschreckt
sucht sie ihre vier Kopien.

Der Mann ohne Augen
Stories
Übers. v. Sigrid Ruschmeier u. Sabine Hedinger
ISBN 3-423-11778-8

Vierzehn Geschichten über das, was man gerne
zwischenmenschliche Beziehungen nennt.

Lillian Beckwith im dtv

»Wenn eine unerschrockene Britin sich in die Hebriden verliebt, kann sie bücherweise davon berichten. Wie Lillian Beckwith, die damit der urigen Inselwelt ein herrliches Denkmal setzt.«
Hörzu

In der Einsamkeit der Hügel
Roman · dtv großdruck
ISBN 3-423-25228-6

Eine »Aussteigerin« auf den Hebriden. »Nur wer die Landschaft und die Bewohner der Inseln so intensiv kennengelernt hat, kann ein solches Buch schreiben. Die Marotten der Bewohner, deren Gastfreundlichkeit werden so liebevoll geschildert, daß es ein reines Lesevergnügen ist, ihren Wegen zu folgen.« (Hannoversche Allgemeine Zeitung)

Die See zum Frühstück
Roman
ISBN 3-423-08460-X

»Sie werden nur Schafe zur Gesellschaft haben.« Diese Warnung hält Lillian Beckwith nicht davon ab, ein seit Jahren leerstehendes Cottage auf den Hebriden zu erwerben. Mit Begeisterung stürzt sich die ehemalige Lehrerin in die Renovierung ihres Besitzes.

Auf den Inseln auch anders
Roman · dtv großdruck
ISBN 3-423-25159-X

»Eine feinsinnige Liebeserklärung an ein karstiges Eiland und seine von Sturm und Meer geprägten Bewohner.« (Hannoversche Allgemeine Zeitung)

Ein frischer Wind vom Meer
Roman · dtv großdruck
ISBN 3-423-25140-9

Auf den Hebriden gelten andere Gesetze als auf dem Festland. Ein Buch voll lustiger Geschichten und köstlicher Originale.

Der Lachs im Pullover
Roman
ISBN 3-423-20554-7

Daß der harte Alltag auf den Inseln auch seine heiteren Seiten hat, zeigen diese bezaubernden Schilderungen von Land und Leuten.

Alle fünf Romane wurden übersetzt von Isabella Nadolny.

Bitte besuchen Sie uns im Internet: www.dtv.de